福島県の三十三観音

小泉明正

歴史春秋社

はじめに

私と三十三観音との出合いは、今から七十数年前父に連れられて行った、磐城三十三観音二十三番札所の石森観音である。父方の曽祖父の生家が石森山フラワーセンター近くにあり、臨済宗忠教寺へ墓参した折である。石森観音堂は、別当の忠教寺に隣接し、境内には身の丈二m余りの大きな地蔵尊と三十㎝ほどの子地蔵が並んで立っている。この石造りの大地蔵（イボ取り地蔵）は昔、石森の南麓、四ツ波集落の入口に祀られていたが『どうしても忠教寺に行きたい』と懇願された小泉家の何代か前のご先祖が背負って現在地に来たとの口伝があり、父公明が『平窪村郷土誌』に紹介している。

又、二十六番札所高野坂観音堂を管理する渡邊家は母方の祖父の実家なので幼少期には泊まりに行く度に裏山の観音堂で終日遊んだ思い出が懐かしい。中学校への通学路には二十二番札所の朝日観音堂があり、高校の時には一番札所の北目観音に見守られて三年間堂脇を通学した。私にとって観音様は身近な存在でもあった。

後年、道路元標の調査や八景地の取材で県内各地を巡る機会を得たが、その度にたくさんの神社仏閣に参詣し、仏像や石塔、奉納額や絵馬を目にしてきた。折りしも平成二十八年（二〇一六）に『会津の三十三観音めぐり～巡礼を通して観た往時の会津の文化〜』が会津十七市町村の永年の念願が叶い文化庁より日本遺産に認定された。先人たちが篤い信仰心で脈々と受け継いできた風習や心の拠り所が文化遺産として認められたのは非常に嬉しく喜ばしい限りである。仏教伝来と同時期、東北地方で最も早く開かれた会津坂下町の高寺伝承や、平安初期僧徳一による慧日寺の創建と布教、その後会津全域に展開した仏教文化は、多くの寺院仏閣やすぐれた仏像や彫刻等々を現世まで伝えてきた。これが仏都会津と讃えられる所以であろう。

今回認定された『会津三十三観音めぐり』の構成文化財の中には寺院や仏像、史跡と共に「会津三十三観音」「御蔵入三十三観音」「猪苗代三十三観音」

イボ取り地蔵と石森観音堂

「町廻り三十三観音」「永田鷲山三十三観音」「西隆寺乙女三十三観音」「久保田三十三観音」の七つの観音めぐりが紹介されている。

霊場めぐりは、平安時代に西国三十三観音巡りが創設され、その後坂東三十三観音や秩父三十三観音が成立し、やがて全国各地に札所の開設があり大衆化した。巡礼は信仰そのものと、日常生活の中の息ぬきや観光慰労の意味あいももつようになり盛んとなった。しかし、巡礼期間中は長い間居住地を離れるため、耕作地の管理や費用の支出等で藩政に影響があるとして制約を受けるようになった。そこで、人々は遠い西国霊場を参拝すると同様の霊力をもつとする祈願所を近くに開設して参拝して安穏と救済を願った。福島県内にも数多くの三十三観音霊場が誕生した。本書では、私が把握できた百ヶ所の観音霊場を紹介し、往時の先人たちの想いにふれたい。

福島県の三十三観音　目次

Ⅱ　一ヶ所に祀られる三十三観音

会津地区

中通り地区

I　広域内を巡拝する三十三観音

1

会津三十三観音

会津三十三観音は、会津美里町・喜多方市・会津若松市・会津坂下町・湯川村・西会津町・柳津町の七市町村内に祀られる観音霊場を巡拝するもので、起源はさだかではない。諸々の起源や順礼札、古文献から見て、文安三年（一四四六）銘の福生寺観音堂の順礼札等から、この頃には成立していたと考えられる。その後の会津三十三観音札所巡りは、寛永二十年（一六四三）に入封した会津藩祖保科正之が高僧らと諮り三十三ヶ所の霊場を選んだといわれる。現行の札所は、従来の札所をもとに寛延三年（一七五〇）御池村（会津坂下町御池田）の西光寺法岸が「会津順礼歌」としてまとめた頃とされる。会津三十三観音には、十一面観音十三体、聖観音十一体、千手観音七体、馬頭観音一体、如意輪観音一体が祀られている。

発願札所　第一番

大木観音堂（喜多方市塩川町）

結願札所　第三十三番

御池観音堂（会津坂下町御池田）

番	観音堂	所在地	寺	御詠歌
第１番	大木観音堂	喜多方市塩川町大田木字塚田三二八一－一	（紅梅山常安寺）	万代の 願ひ大木の 観世音 あの世とともに 救け給へや
第２番	松野観音堂	喜多方市慶徳町松舞家字松野七三〇	（物宝山良縁寺）	朝日射す 夕日輝く 大山寺 松野の里に 晴るる薄雲
第３番	綾金観音堂	喜多方市豊川町米室字綾金一八七－一	（長流山金泉寺）	露の身の 夢まぼろしの 世の中に 身を綾金と いで祈るらん
第４番	高吉観音堂	喜多方市豊川町米室字高吉四四一五	（吉例山徳勝寺）	掻き分けて 参りて拝む 高吉の 仏の光 道ぞ輝く
第５番	熱塩観音堂	喜多方市熱塩加納町熱塩字熱塩甲七九五	（護法山示現寺）	後の世を 救け給へや 観世音 慈悲熱塩に 参る身なれば
第６番	勝観音堂	喜多方市関柴町三津井字堂ノ上六三〇	（松島山勝福寺）	陽照るとも 山の氷は よもとけじ 里に時雨の あらんかぎりは
第７番	熊倉観音堂	喜多方市熊倉町熊倉字熊倉八三七－一	（紫雲山光明寺）	古里を 遥るばる出でて 熊倉の 仏に参る 身こそ安けれ

番	観音堂	所在地	寺	御詠歌
第8番	**竹屋観音堂**	喜多方市塩川町中屋沢字観音森丙七二六	（大雲山観音寺）	今朝の日は 遥か竹屋の 観世音 急ぎ参りて 拝め旅人
第9番	**遠田観音堂**	喜多方市塩川町遠田字谷地中三二二七	（福聚山大光寺）	後の世を 願ふ心を 照らすらん 遠田の沖に 出づる月影
第10番	**勝常観音堂**	湯川村勝常字代舞一七六四	（瑠璃光山勝常寺）	幾たびも 歩みを運ぶ 勝常寺 生まれ会津の 中の御仏
第11番	**東原観音堂**	会津坂下町東原字東一五一六	（流古山萬蔵寺）	昔より 誰が建てそめし ふるしきの 久しかるべき 東の原かな
第12番	**田村山観音堂**	会津若松市北会津町和合字堂ノ下甲一四七	（福聚山養泉院）	千早振る 神ぞまことの 住吉の 重ねがさねの 杜の注縄
第13番	**舘観音堂**	会津若松市北会津町舘一七	（福聚山観音寺）	遥るばると 参りて拝む よしみ寺 仏の誓ひ 新たなるらん
第14番	**下荒井観音堂**	会津若松市北会津町下荒井六〇	（松命山蓮華寺）	高野山 よそにあらじの 下荒井 三鈷の松に 法の朝風

第15番	高瀬観音堂	会津若松市神指町高瀬八一　（吉高山福昌寺）	乗りえても 心許すな あま小舟 高瀬の波は 時をきらわず
第16番	平沢観音堂	会津若松市町北町中沢字平沢四一九　（広沢山国姓寺）	参り来て 浮世をここに 忘れおく 心及ばぬ 平沢の月
第17番	中ノ明観音堂	会津若松市町北町始字中ノ明一一九－二　（妙吉山密蔵院）	参るより 頼みをかけし 観世音 沼木の沼に 浮かぶ水鳥
第18番	滝沢観音堂	会津若松市一箕町八幡字滝沢　（一箕山滝沢寺）	滝沢の 落ちて流るる 滝の水 かかる末々 弥勒なるらん
第19番	石塚観音堂	会津若松市川原町五－五〇　（石塚山蓮台寺）	後の世を 願ふ心は 軽くとも 仏の誓ひ 重き石塚
第20番	御山観音堂	会津若松市門田町御山字館山甲三〇八〇　（神護山照谷寺）	遥るばると 登りて拝む 岩屋山 いつも絶えせぬ 松風の音
第21番	左下り観音堂	会津美里町大石字東左下り一一七三　（左下山観音寺）	左下りは 岩にそびえて かけ造り いつも絶えせぬ 峯の松風

第 22 番	**相川観音堂**	会津美里町氷玉字前山丁三六五 （空窪山自福寺）	朝日さす 夕日輝く 相川の 月もろともに 出づる御手洗
第 23 番	**高倉観音堂**	会津美里町字丸山乙六九一 （高倉山観音堂）	高倉は 宝を積みし 山なれば 人の願ひも みつる高倉
第 24 番	**関山観音堂**	会津美里町氷玉字上小松乙三九六 （日當山日輪寺）	散る花を とむる氷玉の 関の山 雲おり登る 道はひとすじ
第 25 番	**領家観音堂**	会津美里町藤家舘字領家一九四 （延命山常楽寺）	朝日さす 夕日輝く 領池の 大悲の光り 有明の月
第 26 番	**冨岡観音堂**	会津美里町冨川字冨岡二一七 （日用山福生寺）	朝ぼらけ 賑わう里に 立つ煙 誠の人を 止むる冨岡
第 27 番	**大岩観音堂**	会津美里町吉田字村廻丙四八六 （牛伏山仁王寺）	山深み 池に流れの 音そえて 浮世の夢を 洗う松風
第 28 番	**高田観音堂**	会津美里町字高田甲二九六八 （高田山天王寺）	昔より 立つとも知らぬ 天王寺 奥の細道 とどろきの橋

第 29 番	第 30 番	第 31 番	第 32 番	第 33 番	番外 1 番	番外 2 番
雀林観音堂	**中田観音堂**	**立木観音堂**	**青津観音堂**	**御池観音堂**	**浮身観音堂**	**柳津観音堂**
会津美里町雀林字三番山下三五五四　（雷電山法用寺）	会津美里町米田字堂ノ後甲一四七　（普門山弘安寺）	会津坂下町塔寺字松原二九四四　（金塔山恵隆寺）	会津坂下町青津字本丁七一　（清光山浄泉寺）	会津坂下町御池田字寺ノ前一五二　（羽黒山西光寺）	会津美里町字龍興寺北甲二一二二-三　（道樹山龍興寺）	柳津町柳津字寺家町甲一七六　（霊巌山円蔵寺）
めぐり来て 西を遥かに 眺むれば 雨露しげき ふるかたの沼	巡り来て よもの千里を 眺むれば これぞ会津の 中田なるらん	はるばると 参りて拝む 恵隆寺 いつも絶えせぬ 松風の音	春は花 夏は青木に 繁りつつ 秋はもみじに 染むる露しも	参るより 恵みも深き 御池の 池の蓮は 我を待つらん	浮身をば 助け給へや 観世音 みちびき給へ 弥陀の浄土へ	柳津は 岩にそびえて 懸づくり 前には只見の 舟の浮きはし

番外3番	
鳥追観音堂	
西会津町野沢字如法寺乙三五三三 （金剛山如法寺）	かねこわき 山の如きの 法の寺 まことの大悲の 浄土なるらん

2

御蔵入三十三観音

御蔵入というのは、江戸時代の寛永二十年（一六四三）幕府直轄領となった地域をさし、範囲は南会津郡全域と大沼郡・河沼郡の一部、栃木県藤原町を含む広域である。御蔵入三十三観音は、会津三十三観音の誕生から半世紀後の元禄十一年（一六九八）南郷・下山村観音寺の鏡渭を導師として、和泉田の仲山玄智・秋光妙観らが中心になって創設された札所である。御蔵入三十三観音には、聖（正）観音十九体、千手観音五体、如意輪観音四体、十一面観音二体、馬頭観音二体、准胝観音一体が祀られている。

発願札所 第一番

成法寺観音堂（只見町梁取）

結願札所 第三十三番

泉光堂（南会津町和泉田）

番	寺名	所在地	御詠歌
第1番	**成法寺観音堂**	只見町梁取字御東一七四七　（佛地山成法寺）	ただ頼め もらさず救う 梁取の 誓ひあらたに 祈るこの身を
第2番	**八乙女観音堂**	只見町塩ノ岐字下八乙女四六‐一　（幽遠山妙雲寺）	ちちははの めぐみも深き 八乙女の ほとけの誓ひ 塩のちまたに
第3番	**林光山新福寺**	只見町小林字七十刈八八一	露の身や みのりのたねを まきそめて 末こばやしと 祈るほとけを
第4番	**巌風山龍泉寺**	只見町黒谷字町四八二	暗きより くらきを照らす 黒谷の 仏の誓ひ たのもしきかな
第5番	**楢戸観音堂**	只見町楢戸字上ミ方	楢戸より 浄土へ通る 旅ごろも 思ひたつこそ 道しるべなれ
第6番	**浮島観音堂**	只見町布沢字浮島二五七	はるばると 尋ねて参る 浮島の ほとけを拝む 身こそうれしき
第7番	**示現山観音寺**	昭和村佐倉字馬場七二三	あわれみの まなこに人を かへりみて かくも命の かぎりなかりき

番	名称	所在地	御詠歌
第8番	東尾岐観音堂	会津美里町東尾岐（別当 遅沢山長泉寺）	法の声 いつもたえざる 松風に いりあいひびく 観音の堂
第9番	長福寺観音堂	会津美里町永井野字八月田	みな人の 願ふ心は 永井野の 大悲の光 あらたなるらん
第10番	小野観音堂	下郷町湯野上字堂ノ後甲三八六	おのづから 頼みをかくる 観世音 みちびき給へ 知るも知らぬも
第11番	中之澤観音堂	下郷町中妻字観音前二二八（別当 旭田寺）	中つまと 尋ねきぬれば 中之沢 我が世の中の 誓ひたのもし
第12番	塩生観音堂	下郷町塩生字上ノ原一二〇四（忠照山旭田寺）	尋ねきて 願ひも満つる 塩生の 二世安楽と 誰か祈らん
第13番	南倉沢嶽観音堂	下郷町南倉沢字観音平八三九	はるばると 登れば嶽の 観世音 みたらせ沼に あそぶ水鳥
第14番	薬師寺観音堂	南会津町田島字本町甲三八七二－一	法の縁 めぐりて参る 薬師寺に たすけ給へや 後生善処を

第15番	興国山徳昌寺	南会津町田島字寺前甲二九七〇	波羅密や 田島の里の たぢろかず また後の世を たすけ給へや
第16番	養命山慈恩寺	南会津町田島字後原甲三七〇七	慈恩寺へ 参る心は たのもしき 願ひし法に 逢ふは一念
第17番	高野観音堂	南会津町高野字岩下 （金光山薬師寺）	極楽は いづくと尋ね 行く見れば ここも高野と おもほゆる哉
第18番	帯澤観音堂	南会津町金井沢字後ノ堂 （別当 常楽院）	いつの世に 結びおきにし 帯沢へ 巡り逢ふこそ めぐみ深けれ
第19番	南泉寺観音堂	南会津町静川字上沢田乙 （松見山南泉寺）	西東 めぐりて来たる 南泉寺 大悲の光 四季にたえなく
第20番	岩戸堂	南会津町藤生字小塩	めぐり来て 天の岩戸を 開くなる 法の力ぞ 後の世までも
第21番	龍福寺観音堂	南会津町糸沢字居平一八八〇 （熊野山龍福寺）	御手の糸 みちびき給へ 観世音 大慈大悲の 誓ひあらたに

第22番	第23番	第24番	第25番	第26番	第27番	第28番
塩ノ原観音堂	**小塩観音堂**	**栄耀堂**	**照国寺観音堂**	**青柳観音堂**	**大橋清水堂**	**山口山崎堂**
南会津町塩ノ原字昆布沢五二八 （千葉山泉光寺）	南会津町小塩字丸山	南会津町古町字東居平七三 （成法山善導寺）	南会津町古町字小沼二〇二五 （金光山照國寺）	南会津町青柳字居平	南会津町大橋字船場	南会津町山口字村下 （来迦山安照寺）
法の舟 生死の海を わたり来て 彼の岸に行く 塩の原かな	参り来て 願ひをかくる 小塩寺 みちびき給へ 弥陀の浄土へ	古町と 名には呼べども 御法には 罪も報いも 消ゆる淡雪	照る程の 国は標茅が 原なれば 誰か誓ひの 影にもるべき	青柳や いともかしこき 法の道 枝も栄えて いく世経ぬらん	極楽の 道は迷はず 渡り行く 法の誓ひに 逢ふは大橋	思ひ立つ 山口しるき 法の道 迷ひの雲も 晴るる月影

第29番	松誉堂	南会津町鴇巣字村中	ときわなる 松誉の堂の 笠松は 絶えぬ御法の しるしなりけり
第30番	岩戸堂	南会津町小野島字石原	小野島や おのがさまざま つくりおく 罪も消えなん 法の一声
第31番	富山堂	南会津町富山字上居平（明王山不動寺）	伏しをがむ 利生も深き 富山の めぐみ尊き 木々のかげかな
第32番	下山観音堂	南会津町下山字村下一三二三ー一（南照山観音寺）	下化衆生 水の月照る 下山に のぼる菩提の 種や植ゑけん
第33番	泉光堂	南会津町和泉田字寺町	一声に 罪も報いも 消えぬべし 濁りにじまぬ 和泉田の寺 今までは おかげと頼む 笈摺を 脱ぎて納むる 和泉田の寺

3 町廻り三十三観音

町廻り三十三観音は、御府内三十三観音とも呼ばれ若松城下に設定された観音巡りである。『会津鑑』は、元禄末から宝永（一七〇〇－一一）の頃、自在院と一桂院の住持が創設したと記している。この中には、戊辰の役により廃寺となった寺院が数多く見られる。町廻り三十三観音には、聖観音十体、千手観音五体、如意輪観音四体、十一面観音二体、子安観音一体、魚籃観音一体が祀られており、九札所は不明である。

発願札所　第一番

瑞雲山興徳寺（会津若松市栄町）

結願札所　第三十三番

宝珠山一桂院・現桂松院（会津若松市大町）

第１番	**興徳寺**	会津若松市栄町二－一二	（瑞雲山興徳寺）	有漏路より 無漏路に参る 身の末は 仏の誓ひ 興徳の寺
第２番	**松栄寺**	会津若松市東山町石山字慶山七三一－一	（水尾山松栄寺）	岩を堀り 水をたたえて 身を清め 峰より出づる 月影ぞ待つ
第３番	**玉泉寺**	会津若松市天寧寺町	（円通山玉泉寺）〈廃寺〉	みたらしや 大悲の誓ひ 汲みて知る 玉の泉も 湧きてながるる
第４番	**長源寺**	会津若松市緑町	（深岸山長源寺）〈廃寺〉	深き恵の 岸打つ波は 音ばかり 大悲の慈悲に 水やかわらん
第５番	**円満寺**	会津若松市行仁町	（薬王山円満寺）〈廃寺〉	野にも伏し 山にも伏して 祈る身は すえ円満と 頼もしきかな
第６番	**宝積寺**	会津若松市門田町花見ヶ丘三－五－三〇	（如意山宝積寺）	よろず世の 宝を積まん 小田山に 松のちとせの あらんかぎりは
第７番	**観音寺**	会津若松市大町一－五－二四	（馬宝山観音寺）	道場の 光りたえせぬ 観音寺 みちのみどころ 内にこそあれ

第8番	実相寺	会津若松市馬場本町二－二八（安吉山実相寺）	参るより 心も澄める 実相寺 森の木の間の 月ぞさやけき
第9番	浄国寺	会津若松市昭和町（古今山浄国寺）〈廃寺〉	古も 今も絶えせぬ 法の庭 池のはちすの 浄国の寺
第10番	観音堂	会津若松市馬場町（中央二－一－二九）（興徳寺預り）	心をば 馬場にすえおく もののふの 仏の道は 弓も矢もなし
第11番	文明寺	会津若松市南町（高遠山文明寺）〈廃寺〉	たかく見て とお山寺の 観世音 ちぎる御法の 夕顔の花
第12番	融通寺	会津若松市大町二－七－四五（自然山融通寺）	そのかみは 誰が立てつらん 自然山 いつも絶えせぬ 融通念仏
第13番	東明寺	会津若松市大町二－一－四五（当麻山東明寺）	みちの山 わけて流るる 当麻寺 滝はなけれど 音の高さよ
第14番	秀長寺	会津若松市材木町一－一〇－三三（龍雲山秀長寺）	あま雲の かかるとみれば 木の間より ひいずる月の 影はさやけき

第15番	第16番	第17番	第18番	第19番	第20番	第21番
持宝院	**称名寺**	**見性寺**	**誓願寺**	**自在院**	**長楽寺**	**弘長寺**
会津若松市大町名古屋町　（東光山持宝院）〈廃寺〉	会津若松市宝町　（一行山称名寺）〈廃寺〉	会津若松市日新町一六－三六　（願求山見性寺）	会津若松市大町一丁目　（安養山誓願寺）〈廃寺〉	会津若松市相生町二－一八　（福聚山満蔵寺自在院）	会津若松市南花畑　（鷲鷹山長楽寺）〈廃寺〉	会津若松市川原町五－二〇　（陸照山弘長寺）
祈りなば 手にも満つらん 持宝院 よろず代までも かけて頼まん	ひとすじに 誰もとなえよ 称名寺 川瀬の波に 心そそぎて	願ひなば 後生の雲も 消えはてて 求めいたらん 極楽の道	巡り来て ここに拝まん 誓願寺 都はよそに あらじと思へば	せんだんの みそぎの仏 いまここに 自由自在に 拝むうれしさ	寝ても聞き 起きても響く 長楽の 鐘の音ごとに 唱う一声	見渡せば 川のおもてに 照りそえて 月の影さす 弘長の寺

第22番	妙音寺	会津若松市行仁町 （福徳山妙音寺）〈廃寺〉	夜をこめて うしみつ頃に なりぬれば 皆同音に 唱う妙音
第23番	城安寺	会津若松市本町 （古館山城安寺）〈廃寺〉	黒川の 名も古館の 城安寺 流れの水の 今に絶えせじ
第24番	阿弥陀寺	会津若松市七日町四-二〇 （正覚山阿弥陀寺）	後の世を 願ふ心を 観世音 弥陀の浄土へ 参る身なれば
第25番	長福寺	会津若松市日新町一六-二四 （万松山長福寺）	何事も 願ひのもとは 長福寺 絶えせず参れ 後の世のため
第26番	安養院	会津若松市大町 （稲座山安養院）〈廃寺〉	この世には 稲座にほこり あの世には 安養界に 誰もまいらん
第27番	弘真院	会津若松市館馬町一一 （別当 弥勤寺）	館の花 さかりの祈りは 四方の山 静かに雲も 空にたなびく
第28番	法林寺	会津若松市南千石町 （稲台山法林寺）〈廃寺〉	春霞 秋の紅葉に 染めなして 奥ゆかしきは 法林の寺

第29番	第30番	第31番	第32番	第33番
高巌寺	**千手院**	**紫雲寺**	**常光寺**	**一桂院**
会津若松市中央二ー四ー五（盛道山高巌寺）	会津若松市千石町六ー七六（補陀落山千手院南栄寺）	会津若松市中央二ー八ー二二（龍淵山紫雲寺）	会津若松市七日町七ー三六（松林山常光寺）	会津若松市大町二ー四ー三五（宝珠山寿福寺一桂院・現桂松院）
盛りには 妙なる花の 咲くという 高き巌の 寺のうてなに	東山 かすみたなびく 南映寺 秋は紅葉に 染むる露かな	朝かすみ 晴れて夕べの 西の空 よもにたなびく 紫の雲	参るより 常の光を 頼むかな ふた世にかけて 祈る身なれば	一桂と 頼みをかけし 笈摺りを 脱ぎて納むる 如意のお寺に 幾年か かかる願ひも 如意の山 玉のうてなに 身をぞ納むる

4

猪苗代三十三観音

猪苗代三十三観音は、猪苗代町内に設定された観音巡礼の札所で、明治十九年（一八八六）、大宮山長照寺十七世本光玄瑞が大願主となり、有識者と検討の上開設された。慈応山観音寺を発願一番札所に、三十三番の結願打納めを長照寺とし、八ヶ所を番外に配している。最初の巡礼札打ちは、同年（一八八六）八月四日に行われ、御詠歌も披露された。本稿では、現在の御詠歌と併せ、古い御詠歌も載せている。猪苗代三十三観音には、如意輪観音十一体、子安観音九体、聖観音六体、千手観音二体、十一面観音二体、馬頭観音二体、准胝観音一体が祀られている。

発願札所 第一番

慈応山観音寺本堂（猪苗代町川桁）

結願札所 第三十三番

大宮山長照寺本堂（猪苗代町三ツ和）

札所	寺堂	所在地	御詠歌（『会津三十三観音御詠歌』より）※は以前の旧御詠歌（『猪苗代三十三所観音記』）
第1番	**観音寺**	猪苗代町川桁字村北二三四七（慈応山観音寺）	陸奥の ここぞ荒野の 観世音 誓ひは高き いわはしの山 ※山高く 谷の流れも 観音寺 かかる末々 浄土なるらむ
第2番	**安穏寺観音**	猪苗代町裏町四三七（快楽山安穏寺）	生れ来て 世を安穏に 御仏の 恵みを受けし 身こそ安けれ ※み仏の 恵みを受けて 生れ出で 慈悲安穏に 願ふ身なれば
第3番	**西勝寺観音**	猪苗代町新町四八九七（鎮護山西勝寺）	ただ頼め 重きみ法の 西勝寺 願ふ心の 身は軽くとも ※朝日さし 夕日かがやく 西勝寺 いつも絶えせぬ 鶴峰の松
第4番	**沼ノ倉阿弥陀堂**	猪苗代町字沼ノ倉	国のため 民のためとて 御仏の 植えにし法の 種は尽きせじ ※朝ぼらけ 長瀬の川に 立つ霧は 万の願ひ みするなりけり

番	名称	所在地	御詠歌	※
第5番	今泉観音堂	猪苗代町字上今泉	昔より 今も泉の 底清き 仏の心 汲みてこそ知れ	※古しきの 今は泉も 涌きあがり 雲井にのぼる 身こそ安けれ
第6番	堀切太子堂	猪苗代町三郷上字太子堂	御仏の 恵は尽きじ 末の世も 長瀬の水の あらん限りは	※み仏を 埋め流れし 古川を 今堀り切りて 光かがやく
第7番	天徳寺観音	猪苗代町蚕養字山根乙五七三 （毘盧山天徳寺）	御の世を 願ふ心の たみ草は これぞみ法の 宝なるらめ	※一心に 信心なれや 天徳寺 これぞ仏の 恵なるらむ
第8番	萩窪地蔵堂	猪苗代町三郷字下大作	野をも過ぎ 山をも越えて 萩窪の 仏のひかり 仰ぐうれしさ	※端山路を こきわけ行けば 萩窪の 大悲の光 道ぞかがやく
第9番	内野観音堂	猪苗代町八幡字八幡若宮 （大倉山円通寺）	内野山 うつつに暮す 世の人を 救いたまえや 慈悲の御仏	※順礼の 札をうつのの 観世音 しゅじゅちゃうさへも きいて成仏

第10番	第11番	第12番	第13番	第14番
下舘観音堂	**関脇優婆夷堂**	**山潟大法院**	**宝性寺観音堂**	**小平潟観音堂**
猪苗代町三郷字舘ノ内八二九一－一（小檜山隣松院）	猪苗代町関都字関脇	猪苗代町山潟字山潟	猪苗代町金田字金曲七一（金曲山宝性寺）	猪苗代町中小松字小平潟五二
色かえぬ 松もみ法は 下舘の 仏の誓ひ 常磐なるらん	父母の 恵みは深し 菱川の 流れ絶えせぬ 後の世までも	参り来る 心ぞ深き 田子沼に 大悲の光 映る月影	御仏の 光くまなく なりにけり 黄金の花の 咲く心地して	小平潟 松の嵐も 波のねも さやかに澄める のりの月影
※山里を 桧原松原 分け行けば 仏のめぐみ あふるなりけり	※誰故に この度かかる 関の戸に 生れ合うミの父 母を頼めよ	※千早振る 神の勇める 月影も この山潟の 田子にとどめむ	※み仏に こがね花咲く 宝性寺 これぞ仏の 光なるらん	※父母の 恵みも深き 小平潟 大悲の誓 松風ぞ吹く

番	札所	所在地	御詠歌
第15番	**中ノ目愛宕神社**	猪苗代町中小松字中目丙	諸人の 願ひも尽きじ 中の目の 仏の誓ひ 千代も八千代も ※月と日に 現われ出る 観世音 慈悲中の目に 恵み合ふ身は
第16番	**入江比丘尼堂**	猪苗代町堅田字入江	世の人を 救う入江の 観世音 深き利やくを 授け給へや ※出で入るや 波まに浮ぶ 水鳥も 大悲に掛る 身こそ安けれ
第17番	**蜂屋敷観音堂**	猪苗代町堅田字小黒河岸一三六三	小黒川 深き恵みの 大悲堂 法のみ影は 尽きせざりけり ※小黒川 繁るはちすの 如意輪は 花のうてなに 光りかがやく
第18番	**相名目地蔵堂**	猪苗代町堅田字相名目	後の世の 願ひをそめよ 相名目に 里にたなびく 紫の雲 ※万代の 願ひをここの 相名目に 順礼堂は たのもしきかな
第19番	**安養寺観音**	猪苗代町千代田字寺東甲五一二 （関宝山安養寺）	極楽の 道あきらけき 安養寺 大慈大悲の 光なるらん ※み仏の かどふくわん者に 安養寺 慈悲一声に さんの日もとく

番	名称	所在地	御詠歌	※
第20番	**百目貫地蔵堂**	猪苗代町磐里字百目貫	法の道 目には見えねど 一筋に 頼めやたのめ 救け給ふぞ	※磐はしの 峰の颪の はげしくも かかる禍き ふく百目貫
第21番	**島田地蔵堂**	猪苗代町磐里字島田	後の世の 誓ひも深き 苗代の 島田の里に 稔るうれしさ	※川水も 一つの湖となる 間はも 嶋田の岡に 浮ぶかりがね
第22番	**釜井行屋**	猪苗代町長田字釜井	吹き払う 風に心の 雲はれて 清き釜井に 月ぞ宿れる	※世を照す 仏の恵 ありければ 釜井の水に 月ぞやどれる
第23番	**烏帽子常光院**	猪苗代町長田字南烏帽子	古戸川 法のみ舟を 彼の岸に 渡し給ふぞ うれしかりける	※み仏の 漕ぎ行く方の 舟戸川 流れもあひぬ 渡る身なれば
第24番	**東真行行屋**	猪苗代町長田字東真行一五七〇	あら尊と 東真行の 霧晴れて 朝日に法の 光まばゆき	※朝日さし 賑ふ里の 立つ煙り 現れ出ずる 観世音なり

第25番	第26番	第27番	第28番	第29番
大在家行屋	**西真行行屋**	**新在家観音堂**	**五十軒観音堂**	**行津大悲堂**
猪苗代町長田字大在家	猪苗代町長田字西真行	猪苗代町三ツ和字坂ノ上	猪苗代町三ツ和字五十軒	猪苗代町磐根字寿居屋敷
み仏の 深き恵みを 置きわたす 在家も法の 道芝の露	ひたすらに 願ひ仰げば 法の月 西に真行の 朝ぞさやけき	賎が身も かかる浮世に 生れ来て 仏の道に 入るぞうれしき	深山路を 辿りて五十路 軒の里 きくは御法の 松風の音	法の水 行津もあらば かかる世に 心の垢を 洗ひすてまし
※み仏の 大悲に掛る 大在家 五逆の人も 救ひたまふぞ	※巡り来て 西を遥かに 眺むれば 早や入相に 月ぞ残れる	※あら尊 導き玉へ 観世音 あの世とともに 助け玉へや	※山里を 漕ぎ分け行けば 五十軒 ここぞ仏の 浄土なりける	※不明

	第30番	第31番	第32番	第33番	外1
	戸ノ口観音堂	**蟹沢観音堂**	**地蔵大菩薩堂**	**長照寺観音**	**長坂観音堂**
	猪苗代町翁沢字戸ノ口	猪苗代町翁島字蟹沢	猪苗代町磐根字西久保	猪苗代町三ツ和字三城潟九八二（大宮山長照寺）	猪苗代町磐瀬字長坂
	あら尊と 恵みも清き 湖に 法の御舟の 浮かびけるかな	安らかに 歩みを運ぶ 蟹沢の 里にすぐなる 御仏の道	西窪の 西に御法の 底深き 池にさやけき 有明けの月	月と日に 光輝く 長照寺 大悲の恵み 尽きぬよろづ代	長坂を 登りて拝む 観世音 後の世ともに 救け給へや
	※あら尊と 恵みも深き 湖の うき世の願 かるきあんざん	※安らかに 守り玉へや 観世音 歩みを運ぶ 蟹沢のさと	※山近く 詣りて拝む 観世音 池にかがやく 有明の月	※不明	

外2	外3	外4	外5	外6	外7	外8
大原観音堂	**志津文殊堂**	**厩山恵日寺**	**能満寺観音堂**	**三丈潟観音堂**	**樋ノ口観音堂**	**西舘観音堂**
猪苗代町若宮字大原丙	猪苗代町三郷字志津南	磐梯町磐梯本寺字上四九五〇	磐梯町磐梯金上字壇二五七五　（仙開山能満寺）	猪苗代町三ツ和字三城潟	猪苗代町蚕養字樋ノ口乙二六三	猪苗代町西舘字下屋敷二四四
大原や あまねく照らす 月影の 御法に洩れぬ 身こそ嬉しき	賤の身も 心にかけて 一筋に 祈る誠は 後の世のため	磐梯の 高き恵みの 本寺に 大悲の光 受けぬ日ぞなき	大寺の 鐘の響は 世の人の 迷の夢を 覚ますなるらん	幾度も 願ひを掛けよ 三ひろ潟 仏の誓ひは 新なりけり	有難や 吾妻の子安 観世音 大悲の光 新なるらん	慈悲深き 西の舘の み仏の 光り普し 万世までも

5

奥州三十三観音

奥州三十三観音は、宮城・福島・岩手の三県域に及ぶ霊場であるが、開創の時期についてはよくわかっていない。由来の手懸りの一つに、宝暦十三年（一七六三）の『奥州順礼記』がある。宮城県名取市の旭老女の熊野勧請伝承や崇徳院在位の保安年間（一一二〇－二四）の創設とも記される。又、寒河江市慈恩寺に、下総の道徳が天文十三年（一五四四）三月奥州三十三所巡礼札を納めている。福島県内では、天王寺・観音寺・大聖寺の三ヶ寺が札所となっている。奥州三十三観音には、聖観音十一体、千手観音九体、十一面観音七体、馬頭観音二体、如意輪観音二体、七面観音一体、釈迦牟尼仏一体が祀られている。

第十一番札所

香積観音堂（福島市飯坂町）

第十二番札所

観音寺観音堂（桑折町万正寺）

第十三番札所

常西寺観音堂（桑折町上郡）

宮城県

①紹楽寺　②秀麓齋　③金剛寺

④斗蔵寺　⑤佐藤家（今熊野）

⑥瑞巌寺　⑦大仰寺　⑧梅渓寺

⑨箟峰寺　⑩興福寺　⑭大慈寺

⑮華足寺　⑯清水寺　㉑観音寺

㉒勝大寺　㉓長承寺　㉔長谷寺

㉚補陀寺

岩手県

⑰大祥寺　⑱道慶寺　⑲宝持院

⑳徳寿院　㉕黒石寺　㉖長泉寺

㉗観福寺　㉘蛸浦観音　㉙普門寺

㉛聖福寺　㉜正覚院　㉝天台寺

第11番	第12番	第13番
香積観音堂	**観音寺観音堂**	**常西寺観音堂**
福島市飯坂町字天王寺一一（香積山天王寺）	桑折町万正寺字坂町二〇（大悲山観音寺）	桑折町上郡字観音沢三〇（明王寺大聖寺）
てらさめとに これるよにも じけんして くさきもともに ちかひもらさず	たのもしや いきとしいける ものごとに すくはんための ちかひときけば	おもくとも ごじょくのつみは きえつべし みはじゅんれいの みちにいづれは

6

信達三十三観音

信達三十三観音は、信達西国三十三観音・信達郡三十三観音・信夫伊達三十三観音・信達準西国三十三観音とも呼ばれており、旧信夫伊達両郡にはかつて大小十一の霊場が開設されていたといわれる。その内最も代表的なものが信達三十三所観音である。霊場は福島市・伊達市・桑折町・国見町に位置している。霊場の創設については、坂上田村麻呂（七五八－八一一）説や南北朝北畠顕家（一三一八－一三三八）説も見られるが、江戸時代初期とする説が有力である。信達三十三観音霊場には、聖観音十九体、十一面観音五体、千手観音四体、如意輪観音三体、馬頭観音二体が祀られている。

発願札所　第一番

小倉寺観音堂（福島市小倉寺）

結願札所　第三十三番

龍宝寺観音堂（伊達市梁川町）

第1番	**小倉寺観音堂**	福島市小倉寺字拾石七（宝城山大蔵寺）	小倉寺や 松吹く風も おのずから 千手の誓ひ あらたなるらん
第2番	**文知摺観音堂**	福島市山口字文字摺七〇（香沢山安洞院）	きのう見し 信夫文知摺 たれならん こころほとけぞ かぎり知られず
第3番	**羽黒山観音堂**	福島市御山字西坂八（青葉山薬王寺）	あわれみの 月さし昇る 羽黒山 漏らさで照らす 誓ひありとや
第4番	**円通寺観音堂**	福島市大森字本町二〇（補陀落山円通寺）	おしなべて 仏も同じ 円通寺 へだてあらじと 祈る身なれば
第5番	**城山観音堂**	福島市大森字北舘（城山公園内）	昔より なお大森と きくからに あがり来てみる おちこちの山
第6番	**慈徳寺観音堂**	福島市佐原字寺前九（宝珠山慈徳寺）	ゆきむかう さばらをすぎて 慈徳寺の 山より奥に はるる夕立
第7番	**白津山観音堂**	福島市桜本字白津（南嶽山東源寺）	花も雪 ながめのぼれば 白津山 あかぬ心も 池にかけ橋

番	観音堂	所在地	寺	御詠歌
第8番	清水観音堂	福島市庭坂字清水	（永昌山清水寺）	祈るには 草木もなびく 庭坂の 清水寺に はこぶ歩みを
第9番	鯉返り観音堂	福島市大笹生字中寺五	（愛宕山大福寺）	観音寺 誓ひも深き こいかえり きくもすずしき わく水の音
第10番	宿縁寺観音堂	福島市大笹生字下ノ寺	（巌松山安楽寺）	かきわけて 登ればここに 宿縁寺 迷いを照らす 山のはの月
第11番	天王寺観音堂	福島市飯坂町字天王寺一一	（香積山天王寺）	ときおける 法の初めを 天王寺 知るや悟りの ほとけある世に
第12番	満願寺観音堂	福島市飯坂町字湯町三〇		さわりなく 願ひを満てし 寺なれば 月も心も 曇らざりけり
第13番	龍原寺観音堂	福島市瀬上町字本町三六	（青揚山龍源寺）	かの仏 深き誓ひの ほど見えて 波間に浮かぶ 瀬の上の月
第14番	宝寿寺観音堂	伊達市字片町三二	（天徳山宝寿寺）	舟よせて 運ぶ宝の いのち寺 阿武隈川の 法をえてしも

第15番	**明智寺観音堂**	福島市飯坂町東湯野字水口一八　（天徳山明智寺）	絶えず聞く 法のことばを 明智寺の 池のはちすも 花ひらくらん
第16番	**法明寺観音堂**	桑折町松原字館五八　（万年山松原寺）	いやしきも のこさで救い 法明寺 仏のたすけ ありといふより
第17番	**大沢寺観音堂**	桑折町松原字弁天沢	のちの世の 罪はあらじと 結ぶなり 大沢寺の 法のきよきを
第18番	**慈雲寺観音堂**	桑折町成田字堰上四四　（祝王山慈雲寺）	雨晴るる 峰よりかすむ 慈雲寺の 鐘のひびきに 花や散るらん
第19番	**観音寺観音堂**	桑折町万正寺字坂町二〇　（大悲山観音寺）	はるばると 歩みむかへて 観音寺 大慈大悲の かぜをしるべに
第20番	**松蔵寺観音堂**	国見町小坂字上泉川九　（幡龍山松蔵寺）	汲む水も 誓ひも深き まつがさき みとおしひらく 風ぞ涼しき
第21番	**地蔵庵観音堂**	国見町鳥取字鳥取　（鳳凰山福源寺）	まことある 寺と知られて 庭の藻に たえずもおつる 滝の音かな

第22番	常西寺観音堂	桑折町上郡字観音沢三〇 （明王山大聖寺）	西くもり 晴れゆく月の 常西寺 にごる心や 澄みのぼるらん
第23番	平寺観音堂	伊達市伏黒字北屋敷五五 （鳳凰山光台寺）	名も知るる 行くはたいらの 道すがら いさめる駒の 足なみの音
第24番	卯花広智寺観音堂	伊達市保原町五丁目三〇 （金剛山長谷寺）	広智寺の 鐘のひびきを しるべにて まことのみちに 入るぞ嬉しき
第25番	野崎寺観音堂	伊達市保原町字下野崎	尋ねいる みちは野崎の 観世音 すすむる法の さきのよければ
第26番	専日寺観音堂	伊達市保原町富沢字下ノ内 （金沢山高福寺）	世は春と 照る日はここに 影見えて 山より北に おつるとみざわ
第27番	寿徳寺観音堂	伊達市保原町所沢字八光内三一 （広沢山明福院）	とやまより 朝陽かがやく 寺のうち 庭の清水や かがみなるらん
第28番	千尋寺観音堂	伊達市霊山町掛田 （鶏殿山三乗院）	我がとがは ちいろなりとも かの仏 あわれみたまひ などかうかばん

第29番	霊山寺観音堂	伊達市霊山町大石字西舘　（南岳山霊山寺）	たのもしき 誓ひありとや 霊山寺 枯るる草木も 花さきにけり
第30番	利生寺観音堂	伊達市梁川町字古町二二　（不遠山称名寺）	つねよりも のどかなりける 春なれば 今日の暮るるも あかずもあるかな
第31番	長谷寺観音堂	伊達市梁川町八幡字観音前	浅からぬ 頼みをかけし 長谷寺の 雪もろともに 罪や消ゆらん
第32番	清水寺観音堂	伊達市梁川町白根字清水一　（瑞雲寺龍沢寺）	尋ねても 誰が白根の さとありと みな岩寺の 法のともしび
第33番	龍宝寺観音堂	伊達市梁川町八幡字堂庭一二　（八幡山龍宝寺）	ぎゃくえんも 巡礼堂に 納めつつ 松の嵐も 法のことのは

7 信達坂東三十三観音

信達坂東三十三観音は、信達準坂東三十三所観音・信達新坂東三十三所観音・坂東移三十三観音とも称され、霊場は福島市・国見町・伊達市・桑折町の範囲に設定されている。信達坂東三十三観音には、聖観音十八体、馬頭観音五体、十一面観音三体、如意輪観音・准胝観音各二体、子安観音・斗倉観音・勢至観音各一体が祀られている。

発願札所　第一番

福寿山慈恩寺本堂（福島市春日町）

結願札所　第三十三番

巌湯山常泉寺（福島市飯坂町）

第1番	慈恩寺観音	福島市春日町一四－五二	（福寿山慈恩寺）	岩間より 光をはなち 世にいでし 心をわすれず 拝め諸人
第2番	観音寺観音	福島市仲間町二八－四	（馬頭山観音寺）	のせゆきて 迷いの海を 腰の浜 宝の岸に 勇む春駒
第3番	観音寺観音	福島市岩谷七－二	（鷹尾山観音寺）	晴わたる しんによの月は 鷹尾山 松吹く風や 実りなるらん
第4番	正福寺観音	福島市本内字舘二〇	（稲荷山正福寺）	福徳は 本内にあり 観世音 身にかえりみて 拝め夜昼
第5番	大覚院観音	福島市丸子字東前三九	（天台宗大覚院）	頼めただ 丸子なりとて 救わるる 大慈大悲の ふかき恵みを
第6番	鎌秀院観音	福島市鎌田字古舘一八	（文永山鎌秀院）	のちの世の 種を鎌田に 蒔きおきて 大悲の稔り まつぞたのしき
第7番	養福院観音	福島市北矢野目	（真言宗養福院）	頼みきた 矢ノ目の心 すぐならば むかふ大悲の まとははずれず

第8番	鎌秀院観音	福島市鎌田字古舘一八（文永山鎌秀院）	植えおきし 鎌田の稲を 刈り入れて 菩薩のみのり とるぞうれしき
第9番	金源寺観音	福島市下飯坂字寺屋敷九（宝聚山金源寺）	尋ねきて ここぞ黄金の 源と 願ひばあとふ 法の宝を
第10番	泉性院観音	福島市宮代字北口二三（山王山泉性院）	玉椿 やちとせもなを つきぬなり 大悲のかねで たてし誓ひは
第11番	法伝寺観音	福島市飯坂町東湯野字上町三九（明智山法伝寺）	救うべき 法を伝ひし 寺ならば よよにつきせぬ 恵みなりけり
第12番	法道院観音	福島市飯坂町湯野（天台宗法道院）	いづる湯は 用いてつきぬ 如意ほうしゅ 病をのぞく 宝なりけり
第13番	教法院観音	福島市飯坂町平野字六角二（天台宗教法院）	観音を 拝む人をば 天王も 下にくだりて 守とぞ聞く
第14番	金剛院観音	福島市飯坂町平野字寺脇七（岩井山金剛院）	あら尊と 金剛ふえの 誓ひもて 救い賜うぞ この世のちの世

番	寺院	所在地	御詠歌
第15番	**東禅寺観音**	福島市大笹生字上ノ寺九 （多宝山東禅寺）	福を植え 徳を積みたる 子宝を 願ふ人には 与え賜うぞ
第16番	**大福寺観音**	福島市大笹生字中寺五 （愛宕山大福寺）	富さかえ 十くらをたてる 願ひをも かないたもうぞ 南無観世音
第17番	**清水寺観音**	福島市庭坂字宮下三五 （永昌山清水寺）	清水の音 羽の滝をこの寺に 日々やせんしの 力なるらん
第18番	**東泉寺観音**	福島市土船字新町三 （谷頭山東泉寺）	三尊は もと一体の 大悲にて かの岸に着く 法のつち船
第19番	**覚寿院観音**	福島市佐原字中原一二 （瑜伽山覚寿院）	罪とがも 佐原でこの身 極楽へ 行くは大悲の 力ならます
第20番	**長勝寺観音**	福島市上名倉字上寺二九 （名倉山長勝寺）	参る人 永くすぐるる 身となるや 十一面の 守りなるらん
第21番	**和正院観音**	福島市荒井字原宿三一 （金剛山和正院）	いかならん 荒い心も 如意ほうしゅ いただくときは 和らぎにける

番	札所	所在地	寺院	御詠歌
第22番	観音寺観音	福島市上鳥渡字観音寺七	（瀧寿山観音寺）	鳥渡る ごとくに速く 観世音 導きたもう 西の御国に
第23番	大林寺観音	福島市上野寺字大林六	（稲荷山大林寺）	一つ三つ 三つは一つに 現わるる 上の寺なる 勢至観音
第24番	桜本寺観音（准胝観音）	福島市下野寺字醴七ー一	（朝陽山桜本寺）	たぐいなき 御寺の甘露を 甘酒と かもして人に 慈悲を施こす
第25番	桜本寺観音（馬頭観音）	福島市南中央一丁目八	（朝陽山桜本寺）	なかどろの どろにはしまぬ 慈悲の身と 馬頭となりて 世を救うなり
第26番	谷地観音堂	桑折町谷地字北道場四二	（医王山定龍寺）	やちとせも 恵みあるべき とふやしき 菩薩の誓ひ 頼もしきよな
第27番	泉秀寺観音	国見町泉田字立町二四	（玉川山泉秀寺）	泉田の 泉に映る 月影は 大慈大悲の 姿なりける
第28番	川北観音堂	国見町泉田字川北	（別当 玉川山泉秀寺）	罪とがも 清くなりける 泉田の 大悲の水を 手にむすびては

第29番	第30番	第31番	第32番	第33番
長泉寺観音	**龍澤寺観音**	**久昌寺観音**	**慶福寺観音**	**常泉寺観音**
国見町山崎字荒沢二四	伊達市梁川町白根字寺一（瑞雲山龍澤寺）	伊達市霊山町山野川字寺下二〇	福島市飯坂町中野字原田三三（平林山慶福寺）	福島市飯坂町字西滝ノ町四（巌湯山常泉寺）
いくち世も 栄ますらん 山崎の 山は菩薩の 浄土なりせば	かとありし 心も今は 平にて 受くる利やくの 末はながさか	忘れめや 我が子久しく 盛りにて 福徳あれど 守る恵みを	喜びの 幸わいありて 仲のよく なるは千手の 恵みとぞ知れ	出ずる湯や 甘露なるらん 観音に 祈る我が身は 病い飯坂

8

伊達秩父三十四観音

伊達秩父三十四観音は、信達三十三観音と信達坂東三十三観音とを合わせて信達百観音の霊場（信達百番巡礼）を制定するため創設されたと文化四年（一八〇七）撰『信達百番巡礼簿全』に見える。制定にあたったのは、岡部村（福島市岡部）片平嘉左衛門敬重と大笹生村（福島市大笹生）藍原金重郎貞義の両名である。札所は、伊達市・桑折町・国見町の域内に設定され、霊場には、聖観音二十一体、十一面観音三体、准胝観音・楊柳観音・千手観音・馬頭観音各二体、天人大夫観音・来迎観音各一体が祀られている。

発願札所　第一番

興国寺観音堂（伊達市梁川町）

結願札所　第三十四番

拈華山三乗院本堂（伊達市霊山町）

番	札所	所在地	御詠歌
第1番	**興国寺観音**	伊達市梁川町字大町二　（臥龍山興国寺）	家をたて くにをおこせる 利やくをも 与えたもふぞ 南無観世音
第2番	**萬休院観音**	伊達市梁川町字本町七三　（小池山萬休院）	はちすばの さゝやさかりも 小池山 おもいをよせよ 後の世のみち
第3番	**昌福寺観音堂**	伊達市梁川町粟野字中通四七　（青龍山昌福寺）	むらすずめ むれこそ集い あわのむら これも大悲の りやくなるらん
第4番	**長光寺観音**	伊達市梁川町二野袋字大正五五　（金龍山長光寺）	意志高く 朝日のごとく 立ちのぼり 長き光に 世を照らすなり
第5番	**東楊寺観音堂**	伊達市梁川町柳田字町ノ内一三九　（護国山東楊寺）	柳田の やなぎの枝を 手にとりて みのりの水を そそぐ観音
第6番	**洞雲寺観音堂**	伊達市梁川町新田字町通一二　（鎮龍山洞雲寺）	よしさだの まもりの千手 むかしいま 新田のさとに りやくあらはる
第7番	**細谷寺観音**	伊達市梁川町細谷字道林七二　（観音山細谷寺）	いまよりは 心ほほやと なげかじな 観音さんに 参る身なれば

番	名称	所在地	御詠歌
第8番	不動ヶ滝観音堂	伊達市梁川町舟生字寺下一五（別当 昌源寺）	滝のおと 松ふく風も 観音の 涼しき法の こいときくべし
第9番	堂ノ前観音堂	伊達市梁川町五十沢字羽山下	堂のまえ ふしみのぞめば 観世音 大慈大悲の 深き五十沢
第10番	北向観音堂	伊達市梁川町山舟生字北向	吹きいだす みのりの風に あな嬉し まよいの雲も 晴れてきたむき
第11番	小手内観音堂	伊達市梁川町山舟生字小手内四四	小手内の お山の花を 来て見れば 世のうきことも わすられにけり
第12番	除石観音堂	伊達市梁川町山舟生字除石	あしきこと みなよけ石の おん誓ひ この世のちの世 たのめみな人
第13番	清水観音堂	伊達市梁川町山舟生字清水	身のあかを 清きしみづに ふりすすぎ 西のみくにに 向ふうれしき
第14番	大小久保観音堂	伊達市梁川町山舟生字勝木四七	大しようの 人をうらまぬ 御誓ひ 頼めおやこも ひんもうどくも

番	観音堂	所在地	御詠歌
第 15 番	龍澤寺観音堂	伊達市梁川町白根字寺一（瑞雲山龍澤寺）	しらね村 しるも知らぬも わたさんと ひろき誓ひを 立石の山
第 16 番	三常院観音堂	国見町光明寺字鹿野	鹿野やまの ふもとの池に 観音の 慈悲の素顔を うつす月かげ
第 17 番	扶桑庵観音堂	伊達市梁川町向川原字土手内	西方に 向ふ川原の くさのいを 末頼もしき すみかなりけり
第 18 番	古内観音堂	伊達市梁川町二野袋字古内（古内山文殊院）	安楽に 世をふるうちと 願ふべし ついに生まれん 弥陀の浄土に
第 19 番	笠石観音堂	伊達市梁川町大関字笠石	笠石や かさきる如く 観音の 慈悲をいただけ おのがこうべに
第 20 番	八幡台観音堂	伊達市保原町字八幡台	わがよわい 石観音と ともならん よろづ世つきぬ みづを結びて
第 21 番	薬師ヶ岡観音堂	伊達市梁川町白根字薬師堂	いく千代を ふるや白根の 観世音 世の苦をすくふ かどをひらきて

第 22 番	**草分観音堂**	桑折町伊達崎字松ノ口一八	草分けや くさふみしたふ あそぶなり 保原にいさむ のりの春駒
第 23 番	**大畑観音堂**	桑折町伊達崎字下門田	ありがたや 大悲の観に おふばたけ つきぬえにしは 頼もしきかな
第 24 番	**龍泉寺観音堂**	桑折町下郡字舘西二〇（洞雲山龍泉寺）	龍のすむ 泉のごとく 観音の 大悲の水は 世よにかれめや
第 25 番	**北沢観音堂**	桑折町伊達崎字松ノ口	観世音 誓ひをこめし 庭の松 風のひびきに みのりなるらん
第 26 番	**大林寺観音堂**	桑折町伊達崎字下西三一（威芳山大林寺）	伊達がさき のぼりて見れば 大林寺 花のさかりに しのぶ極楽
第 27 番	**北の坊観音堂**	伊達市梁川町東大枝字北町一一七（別当 天台宗国宝院）	北みなみ 西も東も 大枝の はなや菩薩の 姿なるらん
第 28 番	**北沢馬頭観音堂**	桑折町伊達崎字北沢	むまつかふ ひとはとりわけ 信ずべし 朝な夕なに 馬頭観音

番	寺院	所在地	山号寺号	御詠歌
第29番	金剛寺観音堂	桑折町伊達崎字松ノ口二〇	（北沢山金剛寺）	北沢に こがね花咲く 金剛寺 庭のいさごも 浄土なるらん
第30番	観音寺観音堂	国見町徳江字中ノ内一二	（来連山観音寺）	ならすての ふちはの風に ぼんのふの あつさ徳江の みこそやすけれ
第31番	最禅寺観音	国見町貝田字寺脇二	（初達山最禅寺）	慈悲の観 かたく立石 湧水の 流れつきせぬ よろず世までも
第32番	西松寺観音堂	国見町西大枝字古舘三五	（大岫山西松寺）	西に松 みだにおふみは 大枝の これ観音の めぐみなりけり
第33番	仲興寺観音	国見町川内字柳原四五	（瀬沙山仲興寺）	川内を きづきたてたる せすな山 高きいさをに 里ぞにぎおふ
第34番	三乗院観音堂	伊達市霊山町掛田字西裏六	（拈華山三乗院）	たづね来て 水のくるまに のる人は ついに一つの さとりひらかん めぐりつる 三十三所の おいづるを ぬきて掛田の 寺に納むる

9 小手郷三十三観音

小手郷三十三観音は、小手三十三観音・小手庄三十三観音とも呼ばれ、川俣町を中心に伊達市・福島市の範囲に設定された。創設の詳細は不明だが、江戸期とされる。御詠歌は、正徳年間（一七一一－一六）義縁法師の作と伝わる。小手郷三十三観音には、聖観音十六体、十一面観音四体、如意輪観音・子安観音・千手観音各三体、馬頭観音・准胝観音各一体、不明二体が祀られている。

発願札所　第一番

峯能観音堂（川俣町字寺久保・川俣中央公園）

結願札所　第三十三番

鶏足山頭陀寺本堂（川俣町字飯坂）

第１番	峯能観音堂	川俣町字寺久保	（川俣中央公園）（鶏足山頭陀寺）	飯坂を のぼれば峰の 雲はれて 誓ひも高き 松風のおと
第２番	常泉寺観音堂	川俣町字寺前一九	（清流山常泉寺）	ありがたや 心は常に いずみ寺 今日来て深き 誓ひをぞくむ
第３番	大円寺観音堂	川俣町字赤坂四四	（元神宮寺大円坊・大円寺）	春風の 吹きこし告げよ 飯坂や 花のにほいを かみの宮寺
第４番	戸ノ内観音堂	川俣町鶴沢	（別当 大円寺）	いく世へて かすみの空に まひつるたちとせのものか との内の春
第５番	北見観音堂	川俣町字寺久保四〇	（松風山東円寺）	をいさりて ここに北見の 願ひには 後生ぜんしょと 祈るばかりよ
第６番	上台観音堂	川俣町小綱木字上ノ台	（別当 東円寺）	あと思ふ こつなきなれや 上の台 のぼりて峯の 月を指さす
第７番	小松倉観音堂	川俣町大綱木	（別当 大円寺）	大綱木 舟ひきよせて 小松倉 乗せて浄土に 引きや向わん

第8番	梨ヶ作観音堂	川俣町小島字梨ヶ作（別当 大円寺）	五十沢や こだまのかげは 梨ヶ作 何かこたえて 夕されの声
第9番	永田観音堂	川俣町西福沢字長田（別当 大円寺）	ひと筋の 分かる五十沢 掛け越して 千代のながたは 実るなりけり
第10番	金松寺観音堂	川俣町鶴沢字東四六（鶏眼山金松寺）	金松の 庭のいさごの 月影は 踏までおどろく 夏の夜の霜
第11番	大桂寺観音堂	福島市飯野町大久保字普門一九（高雲山大桂寺）	日は暮れて 月の光は 大桂寺 庭のけしきは 浄土なるらん
第12番	慈眼寺観音堂	福島市飯野町明治字三升蒔（別当 大桂寺）	有難き 世に大久保や あわれみる 寺の情けに 身をばまかせて
第13番	観音寺観音堂	福島市飯野町飯野字町畑八三（八龍山観音寺）	うえ向かう ものを憐れむ 飯野をも 省りみをとの 寺のなさけに
第14番	東光寺観音堂	福島市飯野町明治字石塚八六	夜も更けて 東もひかる 寺の鐘 長き夢路を かへす一声

番	名称	所在地	御詠歌
第15番	鮎滝観音堂	福島市立子山字鮎滝（別当 薬師寺）	横雲は 東の空に 立子山 朝日のかげに 染むる藍滝
第16番	竹ノ内観音堂	福島市飯野町青木字上竹ノ内（別当 五大院）	萬代の その名は青木 竹ノ内 いつくも同じ 冬の白たへ
第17番	圓照寺観音堂	川俣町羽田字寺屋敷四二（羽田山圓照寺）	一歩より 千歩にいたる 道のほど 明日を頼みて 今日を忘るな
第18番	梶内観音堂	川俣町小神字鍛治内（別当 泉福寺）	つぼむ花 小神にあるを 哀れみて かちうちひらき 春は来にけり
第19番	泉福寺観音堂	川俣町小神字下都ノ内四	月の舟 西に小神の 夜もふけて いつみの恵み 寺にありけり
第20番	高屋敷観音堂	川俣町秋山（別当 正覚寺）	木の葉降る おと高屋敷 夢さめて 時雨にまよふ 月の秋山
第21番	水口観音堂	伊達市霊山町上小国字水口（別当 小国寺）	小国川 下は濁れど 水口は わたのいとなみ おもいかけよる

第22番	**成願寺観音堂**	福島市大波字寺脇五　（大悲山成願寺）	大波も 静かにすめる 御代なれば 国木の町に 慈悲の帆をとく
第23番	**龍徳寺観音堂**	伊達市霊山町下小国字力持七一	雲晴れて 西へ山田の 入日影 宝の庭に 露の玉だれ
第24番	**五幸山観音堂**	伊達市月舘町御代田字前柳六　（別当 法常院）	鐘の声 またきに四方を 驚ろかす 御光の峯は 朝日かがやく
第25番	**竹ノ内観音堂**	伊達市月舘町布川字竹ノ内　（萬松山茂林寺）	布川や 波おり来てし 水上は いと澄みわたる あや竹の内
第26番	**清浄庵観音堂**	伊達市月舘町月舘字殿ノ上　（別当 茂林寺）	ここに来て めぐる月舘 清浄庵 鐘のひびきに 明けるしののめ
第27番	**上ノ坊観音堂**	伊達市月舘町糠田字上ノ坊　（月花山中福寺）	おも稲の 草をぬか田と 詣で来て 人の心の みのらざらめや
第28番	**上ノ台観音堂**	伊達市月舘町下手渡字上台　（東光山耕雲寺）	法の花 根ごしてここに 植のだい 深き色香は 手折りてぞ知る

第 29 番	摺臼田観音堂	伊達市月舘町上手渡字摺臼田 （別当 耕雲寺）	音もせず 挽くかあらぬか するす田の 名のみも米の 大悲なるらん
第 30 番	寄井観音堂	川俣町小島字寄井	慈悲の舟 小島により之 万代も 詣で来る身を まつの村立ち
第 31 番	松ノ口観音堂	川俣町飯坂字松木内 （別当 大円寺）	法の道 ためにときわの 松の口 老来て御代の 便りをぞ聞く
第 32 番	桜川観音堂	川俣町飯坂字松木内 （別当 頭陀寺）	何よりも 波香ばしき 桜川 結びさる手に 花ぞ散ぬる
第 33 番	頭陀寺観音堂	川俣町飯坂字頭陀寺二 （鶏足山頭陀寺）	鶏の足の 山の尾 夢さめて 一声千声 ひびく谷峯

10

信夫新西国三十三観音

信夫新西国三十三観音は、新信夫三十三観音ともいわれ、昭和三年（一九二八）後藤要七が（旧）信夫三十三観音を再興したもので、福島市内の観世音を祀る三十三ヶ寺で構成されている。信夫新西国三十三観音には、聖観音十五体、千手観音・十一面観音各五体、子安（子育）観音四体、如意輪観音二体、馬頭観音・楊柳観音各一体が祀られている。

発願札所　第一番

鷹峰山常光寺本堂（福島市清明町）

結願札所　第三十三番

円蔵院八幡寺本堂（福島市飯坂町）

第1番	常光寺観音	福島市清明町九－二四	（鷹峰山常光寺）	たかの峰 つねの光は 観世音 導きたまへ 花の浄土へ
第2番	真浄院観音	福島市清明町六－一七	（羽黒山真浄院）	ありがたや まことに清き 法の庭 千手の誓ひ たのむ身なれば
第3番	誓願寺観音	福島市五月町一一－一三	（福島山誓願寺）	唱ふれば 我れ人ともに 阿弥陀仏 ここ誓願の 浄土なるらん
第4番	東安寺観音	福島市早稲町九－一五	（寶雲山東安寺）	東より 赫きわたる みひかりを 心やすくも 仰ぐ世の人
第5番	大円寺観音	福島市大明神一	（法林山大円寺）	信夫山 松吹く風の おと清く 心にしみて 参るみほとけ
第6番	到岸寺観音	福島市大町二－三〇	（究意山到岸寺）	あさからぬ 法の誓ひや 到岸寺 頼めや大悲と 声ひと声
第7番	龍鳳寺観音	福島市腰浜町九－二七	（瑞雲山龍鳳寺）	阿武隈の きよせに浮かぶ 月影は 揺れもすれど 動かざりけり

番	寺	所在地	御詠歌
第8番	宝積寺観音	福島市舟場町三－一六 （琥珀山宝積寺）	宝つむ 慈悲の仏に 導びかれ 花の浄土に 参るうれしさ
第9番	長楽寺観音	福島市舟場町三－一〇 （萬年山長楽寺）	はるばると 映す大和の なんえん堂 参る心は 仏なるらん
第10番	宝林寺観音	福島市御倉町一－六二 （行樹山宝林寺）	立ちならぶ 宝のはやし わけいれば 弥陀の誓ひに 会ふぞうれしき
第11番	常徳寺観音	福島市柳町二－一二 （龍水山常徳寺）	みどり児の 身も安かれと 糸柳 垂るる誓ひの 頼もしきかな
第12番	永京寺観音	福島市鳥谷野字舘三三 （清水山永京寺）	濁りなき 清水の山は 澄みのぼる 慈悲の光を 仰ぐ月かげ
第13番	満願寺観音	福島市黒岩字上ノ町四三 （黒巌山満願寺）	なにごとも 満る願ひの 寺なれば 仏の誓ひ すえ守るらん
第14番	長秀院観音	福島市田沢字寺ノ前一八 （田沢山長秀院）	たけたかき 田沢の山の 観世音 導きたまへ この世のちの世

第15番	**仲興寺観音**	福島市清水町字寺ノ上四八（清水山仲興寺）	湧きいずる 清水の山の 観世音 朝な夕なに 参るもろ人
第16番	**常光院観音**	福島市松川町字諏訪山二（諏訪山常光院）	石山の 慈悲の松風 わたるらん 鏡が渕の 法の舟橋
第17番	**浅川観音堂**	福島市松川町浅川字平石（別当 明宝院）	浅川の 清き流れに 清めてし 心のそこに 塵ものこさじ
第18番	**永仁寺観音**	福島市松川町金沢字明内三二（金沢山永仁寺）	ありがたや 金沢山の 観世音 大慈の恵み 新たなりけり
第19番	**原観音堂**	福島市松川町字原（別当 常円寺）	うち見れば 堤ガ岡の 東なる はらのお寺の あかつきの鐘
第20番	**常円寺観音**	福島市松川町字水晶沢五一（長沢山常円寺）	子宝を 授けたまわる 観世音 光にみつる 水晶の沢
第21番	**西光寺観音**	福島市松川町字町裏三五（原田山西光寺）	千代八千代 流れも清き 松川の 波に輝く 法のともしび

番	名称	所在地	別当	御詠歌
第22番	前越観音堂	福島市松川町関谷字前越	（別当 盛林寺）	御仏の 誓ひも深き 関谷路を 尋ねて忍ぶ とわの苦しみ
第23番	陽泰寺観音	福島市平石字西ノ内九三	（香取山陽泰寺）	平沢の 清き流れに 浮かぶ月 香取の山に 澄みわたるらん
第24番	光白観音堂	福島市永井川字光白九	（別当 好国寺）	頼もしや 慈悲の流れの 永井川 いく千代かけて 誓ひますらん
第25番	陽林寺観音	福島市小田字位作山一三	（位作山陽林寺）	みな人の 心の垢を 濯げとや くらいが柵の 谷の真清水
第26番	好国寺観音	福島市山田字寺ノ前九	（玉林山好国寺）	露ふかき 山田の里の 好国寺 参れば晴るる むねの白雲
第27番	陽泉寺観音	福島市下鳥渡字寺東一七	（朝日山陽泉寺）	陽泉寺 あさひ輝く 寺のうち 庭の清水や 鏡なるらん
第28番	仲ノ内観音堂	福島市成川字仲ノ内	（別当 円通寺）	成川の 清き流れに 身を清め 参る心は のちの世のため

第29番	正眼寺観音	福島市森合字一盃森一四　（森谷山正眼寺）	ましみずの 清き心も 正眼寺 なお澄めかしと さゆる鐘の音
第30番	円光寺観音	福島市野田町字寺ノ内一　（宝笠山円光寺）	まどかなる ひかり輝く 御仏の 情もふかき 八島田の里
第31番	仏母寺観音	福島市笹木野字寺畑一一　（般若山仏母寺）	父母の 恵みを受けて 笹木野の ちえの山にぞ 登るうれしさ
第32番	光徳寺観音	福島市南沢又字中条一二　（瑠璃山光徳寺）	名も清き 瑠璃の先に 輝きて 恵みもふかき 沢又の里
第33番	八幡寺観音	福島市飯坂町字八幡内二八　（円蔵院八幡寺）	よろず世の 願ひはここに おさまりて 清き心は 赤川の水

11 伊達三十三観音

伊達三十三観音は、従来から巡拝されてきた札所以外にも広く知られていない霊場が沢山存在していることから新札所を選定し、観音様と縁を結んで欲しいとの願いから昭和十二年（一九三七）に創設されたものである。創設には、興隆寺（川俣町小島）の大覚（榎本）源徹が中心となり、落合亀治・佐藤清定の協力を得て選定にあたり、昭和十三年（一九三八）四月には御詠歌も披露された。札所は、伊達市・川俣町・福島市・桑折町の二市二町に設定された。伊達三十三観音には、聖観音十一体、子安観音・十一面観音各六体、千手観音・如意輪観音各三体、馬頭観音二体、准胝観音・玉除白衣観音各一体が祀られている。

発願札所　第一番

花林山玉泉寺（川俣町字日和田）

結願札所　第三十三番

台照山大円寺（川俣町字赤坂）

番	札所	所在地	御詠歌
第１番	玉泉寺観音	川俣町字日和田七四（花林山玉泉寺）	はなの山 つきせぬ玉の いづみ寺 ふかき誓ひを くむぞうれしき
第２番	興隆寺観音	川俣町小島字反田四八（小島山興隆寺）	あなとふと 小島にかよう 慈悲の舟 みさおのつゆの みにこぼれつつ
第３番	岩阿久観音堂	川俣町小島字岩阿久	ただ頼め いわごの里の こやすかみ うみのこまもる 深きめぐみを
第４番	梅松寺観音	川俣町小島字北成沢三（経塚山梅松寺）	梅が香も 松の緑も 千代やちよ 変わらぬ慈悲の 光あふがむ
第５番	真徳寺観音	伊達市月舘町月舘字仲田三一	みひかりの 高きつきだて 観世音 あふぐ心は くもらざるらむ
第６番	普光寺観音	伊達市霊山町石田字下屋敷六二	日に月に 法の光の てりそいて 心にかかる 雲なかりけり
第７番	御堂内観音堂	伊達市霊山町石田字御堂内	深山路も 坂もたやすく こえてけり 心のこまの いさむまにまに

第8番	石橋観音堂	伊達市霊山町石田字石橋	川のおと 松にひびきし なりあいの 慈悲をたたえて わたる石橋
第9番	田中観音堂	伊達市霊山町山戸田字田中	みちのくの 田中の里の 観世音 みよのみのりに あふぞうれしき
第10番	一枚田観音堂	伊達市梁川町字里見山	一枚田 田の面さやけき 月かげも とふとき法の 光なりけり
第11番	歓喜寺観音	桑折町北半田字寺ノ内一七（補陀落山歓喜寺）	いく千代も かんきつきせぬ 寺の内 詣るわが身も 菩薩なるらむ
第12番	桑折寺観音	桑折町字新町三二（扶桑山桑折寺）	世を救ふ ひじりたふとし その昔 にごりえのなみ わたりきまして
第13番	宝積寺観音堂	桑折町字新町四三（普照山宝積寺）	やまと積む 宝にまさる 慈悲の道 まもる心は よよをてらさむ
第14番	不動寺観音	福島市飯坂町湯野字寺町三（新狐山不動寺）	み仏の はちすの光 かぎりなく 救ふ誓ひの たのもしきかな

番	札所	所在地	御詠歌
第15番	福厳寺観音	伊達市箱崎字山岸二 （普厳山福厳寺）	われもまた 大慈大悲の つゆうけて 心のはなも さかえゆくらむ
第16番	岩谷観音堂	伊達市保原町上保原字小性山	大慈悲の 法のいわやの 雲はれて あけの鐘きく 身のうれしさよ
第17番	三尊堂	伊達市保原町富沢字姥ケ作七五 （別当 高福寺）	富もなり 位いも高く なりたなる 仏の慈悲に すがれもろびと
第18番	仙林寺観音	伊達市保原町字東台後五〇 （法雲山仙林寺）	いく千代の よわひを保つ 仙林寺 願ふふくをも 給ふ如意輪
第19番	胎教寺観音	伊達市保原町字八幡町 （熊野山胎教寺）	父ははの 恵みもふかき 胎教寺 百代の後の たのもしきかな
第20番	猫川観音堂	伊達市保原町字西猫川	猫川の 流れに映る 月よりも さやけき法の 光あふがむ
第21番	積善寺観音	伊達市保原町金原田字北原一四八 （端応山積善寺）	慈悲の道 つむこそよけれ 心にも 宝の花の 咲きにほふなり

番	札所	所在地	御詠歌
第22番	**東光寺観音**	伊達市保原町柱田字上ノ寺三八（梅竹山東光寺）	慈悲の舟 うけてちへなみ いほへなみ うみのことはに やすくわたらむ
第23番	**茶臼山観音堂**	伊達市霊山町掛田字西舘	茶臼山 峯の浮雲 はれそめて しんにょの月も すみわたるなり
第24番	**夫婦清水観音**	伊達市霊山町下小国字夫婦清水	みめぐみの つゆぞゆたけき 小国なる 夫婦しみづの 南無観世音
第25番	**大木山観音堂**	伊達市霊山町下小国	大木山 くもの衣を ふりわけて しんにょの月は 夜をてらすなり
第26番	**原観音堂**	伊達市霊山町上小国字原	八千草の はらのはなむら みめぐみの 露にもしるき 子安観音
第27番	**天正寺観音**	福島市立子山字寺窪二	ただ頼め 救いまします 観世音 誓ひもたかき 天正寺かな
第28番	**御守山観音堂**	福島市飯野町明治字源三屋敷	火も水も つるぎのなんも 御守山 大悲の御手に 助けたまはる

番	名称	所在地	御詠歌
第29番	**茶畑観音堂**	福島市飯野町明治	ちとせ経し すぎの於ほきに きざみてし 姿尊ふとし あふげもろびと
第30番	**五大院観音**	福島市飯野町飯野字町七八 （東雲山五大院）	ありがたや ひじりの山の 五大院 松吹く風も 法のこゑごゑ
第31番	**古屋戸観音堂**	福島市飯野町大久保字古屋戸	をちこちの ちよろづびとを 救ひます みのりたふとし 古屋戸観音
第32番	**赤岩観音堂**	福島市飯野町大久保字赤岩山	はるばると 登れば千代の 赤岩に 仏の誓ひ あらたなりけり
第33番	**大円寺観音**	川俣町字赤坂四四 （台照山大円寺）	有難や 心のくもも をさまりて 大きく円く 月すみわたる

12

仙道三十三観音

仙道三十三観音は、奥州千堂三十三観音とも陸奥國東山道三十三観音ともいわれ、仙道と呼ばれた古代宮道の一つ東山道域に設定された札所で、ほぼ本県の中通りに分布する。範囲は、二本松市・本宮市・郡山市・田村市・小野町・須賀川市・玉川村・石川町・古殿町・棚倉町・塙町・鏡石町・白河市・茨城県大子町の六市七町一村の広範囲にわたっている。仙道三十三観音の霊場創設の時期は、七番堂山寺（堂山王子神社）に奉納された結願巡礼札の日付が明応七年（一四九八）十月吉日とあり、札所はこれ以前には開設していたと考えられる。大同二年（八〇七）徳一が札所を定めたと寺伝に伝える寺院も見られる。東北地方に開設された三十三観音霊場としては最も古いとされる。仙道三十三観音には、聖観音十六体、十一面観音七体、千手観音六体、如意輪観音三体、准胝観音一体が祀られている。

発願札所　第一番

鎮守山泰平寺・現田村大元神社（郡山市田村町）

結願札所　第三十三番

羽黒山神宮寺・現福寿院（須賀川市江持）

第1番	泰平寺観音	郡山市田村町山中字本郷一三五　（鎮守山泰平寺・現田村大元神社）	うるをわん 草木もあらじ 守山の 説きおく法の 川のしづくも
第2番	如法寺観音堂	郡山市堂前町四－二四　（高岳山如法寺七日堂）	たにこうり 山寒むからぬ 雪の日も 仏たのまば 道は迷はじ
第3番	堂坂観音堂	郡山市富久山町堂坂字岩ヶ作　（岩作山妙音寺）	春毎に 法のみ寺に 来てみれば 庭の桜も 花ぞにほへる
第4番	塩田観音堂	本宮市本宮字山田三六－二　（塩田山日輪寺）	誰もみな 見てる塩田の 観世音 そのかみよりの しるべなりけり
第5番	杉田観音堂	二本松市杉田町二－二〇九　（観法山光恩寺）	声すみて 松吹く風に 杉田寺 浮世の夢も さめぬべきなり
第6番	東鳥堂観音堂	田村市船引町北移字東鳥堂　（雲龍山満願寺・現東鳥神社）	うつし世を ここに移の 山なれば たれか歩みを 運ばざるべき
第7番	堂山寺観音	田村市船引町門沢字堂山　（龍頭山堂山寺・現堂山王子神社）	暮にきて 風こそしづめ 雲たつる 堂山寺の 鐘のひびきに

第8番	入水観音堂	田村市滝根町菅谷字入水一二四（萬歳山入水寺）	観世音 南無と唱へて こもる夜の 明くれば山に 月の入り水
第9番	満福寺観音	小野町小戸神字日向一二八（東堂山満福寺）	東堂へ 詣る心は 西方の 浄土に向ふ はじめなりけり
第10番	埋平観音堂	須賀川市小倉字埋平一八二（広沢山甘露寺）	みな人の うきを助くる 甘露寺の 仏はながき 薬なりけり
第11番	嶋廻観音堂	須賀川市小倉字田畑二〇八（小倉山妙福寺・現大慈寺）	観世音 守りたまへと 唱ふなる 島まわりする 舟についても
第12番	東福寺観音	須賀川市上小山田字古寺五八（古寺山東福寺・現白山寺）	訪ねつつ ここに古寺と 聞ゆるも さながら法の 教えなりけり
第13番	岩法寺観音堂	玉川村岩法寺字竹ノ内一八九（白花山上岩寺）	いかなれば そのかみ寺の 軒の松 降れども色や つねかはるらん
第14番	川辺観音堂	玉川村川辺字舘（金波山円通寺）	今ここに 詣て来ぬるも 先の世の 仏にむすぶ 円通寺かな

第15番	**大寺観音堂**	石川町中野字水無三五	（大寿山正福寺・現聖徳寺）	春秋の 中大寺の ひと夏を おくるも法の 日かずなりけり
第16番	**湯郷渡観音堂**	石川町湯郷渡字瀬戸	（出湯山西福寺）	み仏の これも頼むと きくものを 薬になれと 出る湯いで川
第17番	**法蔵寺観音**	石川町字下泉三〇五	（白花山法蔵寺・現乗蓮寺）	ここにしも 泉で岩を しめすなん 今ぞ新たに たつるこの寺
第18番	**谷沢観音堂**	石川町谷沢字堀ノ内	（紅雲山龍沢寺）	迷う身は 仏象生の 龍沢寺 悟りてみれば ひとつなりけり
第19番	**谷地観音堂**	石川町谷地字竹ノ花	（白花山正法寺）	頼みつつ かけしその身の 甲斐ありて 法のうてなに のぼる赤坂
第20番	**松岩山観音堂**	古殿町鎌田字長光池一七六	（松岩山彦根寺）	頼むとて そのかみよりも 濁る世の 末までたれを ここにまつ山
第21番	**堀川観音堂**	浅川町大草	（金剛山萬福寺）	参るより たれも菩提を ほとこしつ みずから願ふ 法のしるしに

第22番	第23番	第24番	第25番	第26番	第27番	第28番
常世観音堂	**神宮寺観音**	**日輪寺観音**	**岩崎観音堂**	**満願寺観音**	**神宮寺観音**	**本沼観音堂**
塙町常世中野字舟木原（常世山誓願寺）	棚倉町八槻字大宮二九（千勝山神宮寺・現如意輪寺）	茨城県久慈郡大子町上野宮二一三四（八溝山日輪寺）	白河市表郷中野字岩崎（岩崎山普門寺）	白河市関辺字関山一（成就山満願寺）	白河市大鹿島八（高石山神宮寺・現最勝寺）	白河市本沼字観音山（随雲山龍禅寺）
さまざまに 人もうつりて 習いども 法は常世の 寺とこそきけ	ほど遠き 道のさかひと 聞きしより 参ればここに 千勝の寺かな	つくるとも 七つの罪は よもあらじ 八溝の寺へ 参る身なれば	かかる世に 願はばねがひ うき世とて また生れんと かたき岩崎	詣でくる 人をそのまま この寺に しばしとどめん 関の岳かな	仏とて 老せぬものの 昔より たてとも年は わが宮の寺	龍禅の 寺の昔を けふここに うつせば法の 花ぞ開くる

第 29 番	**野寺観音堂**	白河市大信下新城字金子山 （中寺山善能寺）	法をなす 心の駒の 豆生田に いく世の人の すすみ来ぬらん
第 30 番	**小栗山観音堂**	鏡石町久来石 （小栗山高福寺）	咲きみちて あまたの花の 小栗山 法の光りと 人や見るらん
第 31 番	**高村山観音堂**	須賀川市梅田字岩瀬九 （高村山竹林寺・現長命寺）	もろともに あまして世をや めぐるらん 日も高村の 山の月かげ
第 32 番	**上寺観音堂**	須賀川市守屋字日向 （守谷山真福寺）	南無大悲 しもじもまでも 憐れめと このかみ寺に 参らぬはなし
第 33 番	**羽黒山観音堂**	須賀川市江持字西屋敷三三 （羽黒山神宮寺・現福寿院）	よろづ世の 願ひをここに 江持寺 参る心は 法のちからよ

13 安達三十三観音

安達三十三観音は、二本松市を中心に本宮市・大玉村・郡山市の三市一村の旧二本松領内に開設された巡礼札所である。開設の時期については、詳細な記録がなく定かではない。寺伝等で平安期とする札所もあるが、江戸時代になってからという説が有力である。安達三十三観音には、聖観音十五体、十一面観音七体、千手観音六体、馬頭観音三体、如意輪観音二体が祀られている。

治陸寺観音堂（二本松市木幡）

発願札所　第一番

和田山岩角寺本堂（本宮市和田）

結願札所　第三十三番

第１番	治陸寺観音堂	二本松市木幡字山本八九（木幡山治陸寺）	はるばると のぼりて拝む 木幡山 御のりの花も ひらくなるらん
第２番	善導寺観音堂	二本松市針道字佐勢ノ宮一（光明山善導寺）	逆えんも 導びきたまふ 善導寺 仏のちかい たのもしきかな
第３番	最勝寺観音堂	二本松市戸沢字月夜畑九〇（月夜山最勝寺）	よもすがら 月にみかけの しらつゆも 石には玉の ひかりなるらん
第４番	愛蔵寺観音堂	二本松市戸沢字細田一〇（松尾山愛蔵寺）	おしなべて 高きいやしき もろともに 仏のえんに あいぞうじかな
第５番	永昌寺観音堂	二本松市戸沢字仲井四二（月光山永昌寺）	いくとせも かわらで拝む この寺の 月の光は ひとりほがらか
第６番	長泉寺観音堂	二本松市百目木字荒町六〇（江月山長泉寺）	なみの上に 月はよなよな かげすみて いつもつきせぬ いつみなるらん
第７番	福田寺観音堂	二本松市東新殿字大久保一七六（新殿山福田寺）	月も日も 出見るかたは ひがし寺 暗きまよひは などかあらまし

第8番	息王寺観音堂	二本松市上太田字広瀬三〇〇 （熊野山息王寺）	ふたらくや よそにはあらじ ひろせ寺 峰の松風 ひびく滝つせ
第9番	観音寺観音堂	二本松市上長折字片倉 （屏風山観音寺）	山は屏 風寺は大じの 峰なれば 世の人々の あをかねさなし
第10番	西念寺観音堂	二本松市小浜字新町三八六 （菩提山西念寺）	のちの世を 願ふ心は ひとすじに ただ さいほうの 弥陀の浄土へ
第11番	東禅寺観音堂	二本松市小浜字新町四八九 （瑞松山東禅寺）	御利生は よめどもつきじ 東禅寺 浜のまさごの つもるかずかず
第12番	梅木寺観音堂	二本松市成田字寺ノ前一四五 （江性山梅木寺）	ありがたや 梅さく寺に きてみれば 大慈大悲の うぐひすのこえ
第13番	観音寺観音堂	二本松市五月町三－六五 （久安山観音寺）	きくからに そのなもひさし 観音寺 耳にふれても まよはざるらん
第14番	観世寺観音堂	二本松市安達ヶ原四－一二六 （真弓山観世寺）	あらとふと 大慈大悲の ひらまゆみ やをよろずよと 祈るみな人

第15番	円東寺観音堂	二本松市渋川字下原六八（安達太良山円東寺）	あだたらの 山よりおつる 水なれば 流れのすいは きよきしぶかわ
第16番	長谷寺観音堂	二本松市油井字桑原舘山九九（長谷山長谷寺）	心をも みがけばついに くもりなく 石もかがみに なるは長谷寺
第17番	遍照尊寺観音堂	二本松市根崎二－八一（摩尼山遍照尊寺）	もんじゅそん 御代の仏の 母なれば わが子のごとく さよおぼすらん
第18番	亀谷観音堂	二本松市亀谷一丁目（亀谷山千手院）	その神は いくよへぬらん 亀谷の せんじゅの誓ひ たのもしきかな
第19番	光現寺観音堂	二本松市亀谷二－一八六（慧日山光現寺）	世の中の まよいの雲も はれゆけば ちいの光りも あらはるるかな
第20番	称念寺観音堂	二本松市本町一－一四八（二松山称念寺）	よろづよの かわらぬものは ふたもとの 松のひびきも たえぬ山寺
第21番	塩沢寺観音堂	二本松市細野一（浅間山塩沢寺）	ふかくとも つくりしつみは 消えぬべし あさまの寺へ 参るみなれば

番	寺院	所在地	寺名	御詠歌
第22番	龍泉寺観音堂	二本松市二伊滝一－八一	（永松山龍泉寺）	りゅうもすむ 泉もきよき 山寺の 松のちとせは かわらざりける
第23番	松岡寺観音堂	二本松市松岡七七	（神龍山松岡寺）	ぼんのうの 浮世の夢も さめにけり 松ふく風も みのりとぞきく
第24番	法輪寺観音堂	二本松市松岡三六	（正覚山法輪寺）	つくりぬる 世のつみとがを ひるがえし てん法輪の えんとこそきけ
第25番	珊瑚寺観音堂	二本松市大壇	（甘露山珊瑚寺）	のりの雲 たちてぞのぼる この寺の 月のひかりも さやかなりけり
第26番	光恩寺観音堂	二本松市杉田町二－二〇九	（観法山光恩寺）	のちのため いざたちよらん とつこすい 結ぶ心は すずしかりける
第27番	薬師寺観音堂	二本松市薬師	（薬師堂龍泉寺）	世の人の やまひをいやす み仏の 誓ひのほとの ありがたきかな
第28番	相応寺観音堂	大玉村玉井字南町一八八	（安達太良山相応寺）	とうほうの 光をうつす 玉の井は さながらるりの 光なるらん

番	札所	所在地	御詠歌
第29番	住吉観音堂	郡山市熱海町高玉字南梨子平（高玉山常円寺）	岩谷どう のぼりてみれば 玉石の かはにかげさす 住吉の松
第30番	日輪寺 太郎丸	本宮市本宮字太郎丸一五四－一（日輪寺）	海もなく はまべもうとき 本宮に しおのなみさす ふしぎなりける
第31番	観音寺瑠璃堂	本宮市糠沢字高松二七（高松山観音寺）	はるばると のぼりてみれば 高松の みねにとおとき 観音の寺
第32番	金礼寺観音	本宮市白岩字高槻地内（白岩山金礼寺）	しらなみに わられて岩に たよりよる 助けたまへと 祈るこんれい
第33番	岩角寺観音	本宮市和田字東屋口八四（和田山岩角寺）	くもりなき 流れもきよき いわつのの 水にこがねの 花やさくらん よろづよの 願ひをここに たのみおく こがねの水の いづるいわづの

14

安積三十三霊所

安積三十三霊所は、当時の世相の中、心の安定を図して、郡山市内三十三ヶ寺で構成されたものである。昭和初期様々な要因によって引き起こされた大恐慌は、相次ぐ企業の倒産と大量の失業者を生み、社会不安や生活困窮・心の荒廃となった。救済の一助として、郡山仏教会が中心となり、心の潤いと神仏への祈念を図ることから霊所巡りを創設したものである。霊所三十三ヶ寺の本尊は、釈迦如来十一体、阿弥陀如来八体、大日如来四体、聖観世音・延命地蔵・虚空蔵菩薩各三体、子安観音一体が祀られている。

発願霊所　第一番

高岳山無量院如宝寺（郡山市堂前町）

結願霊所　第三十三番

無量山光明院阿弥陀寺（郡山市富久山町）

第１番	**如宝寺**	郡山市堂前町四-二四 （高岳山如宝寺）	たにこほり 山さむからめ 雪の日も ほとけ頼まば みちに迷わじ
第２番	**善導寺**	郡山市清水台一-一-二三 （光明山善導寺）	まごころを 願ふ同行を ぜんどうに おてひきたまう 蓮の台に
第３番	**大慈寺**	郡山市清水台二-二-一一 （清水山大慈寺）	ありがたや あさかの里に 大慈堂 仏の光り たすけたもふぞ
第４番	**圓寿寺**	郡山市小原田一-九-一四 （楽永山圓寿寺）	ひとすぢに 仏に誓ひ あるなれば はなの浄土に みちびかれけり
第５番	**延命寺**	郡山市小原田一-一五-二五 （光明院延命寺）	春の日に 草や木の花 ながむれば のびる命の しるしなりけり
第６番	**小原寺**	郡山市小原田五-一二-一〇 （大邦山小原寺）	これまでの 心をここに 懺悔せば 三世諸仏は たすけ給ふぞ
第７番	**高照庵**	郡山市安積町日出山 （高照庵子安堂）	日の出る 山をばはるか 拝すれば 五色の雲に 仏まします

第8番	**天性寺**	郡山市安積町笹川字御所前二八 （来迎山天性寺）	朝日さす 夕日かがやく 笹川の ながれのかみに 仏まします
第9番	**宝光寺**	郡山市安積町荒井字東屋敷九 （光明山宝光寺）	まごころを 仏に誓ひ あるならば 荒井の水も きよくわくなり
第10番	**徳成寺**	郡山市安積町成田字成田六八 （光邦山徳成寺）	朝霧に かくれてみえぬ 徳成寺 念仏のかねぞ 遠くきこえる
第11番	**廣安寺**	郡山市三穂田町駒屋字四斗蒔一〇七 （駒屋山廣安寺）	はるばると 駒のいななく 山里を 巡礼するも たのもしきかな
第12番	**光傅寺**	郡山市三穂田町野田字工藤台一 （来迎山光傅寺）	のべの田の 水にかげをく 月の夜に 明りくゆくぞ 法のたびじに
第13番	**普賢寺**	郡山市三穂田町鍋山字上屋敷一九 （金宝山普賢寺）	はるばると 鍋山こして 普賢寺の 寺に参るも 後の世のため
第14番	**護國寺**	郡山市三穂田町八幡字西屋敷八 （八幡山護國寺）	ありがたや 八幡のさとの 護國寺に まゐる行者を 助けたまふぞ

第15番	西光寺	郡山市三穂田町富岡字一本杉一五	（富岡山西光寺）	西方に ひかりかがやく 浄土なる 仏の誓ひ たすけたまふぞ
第16番	宗福寺	郡山市三穂田町下守屋字上豊舘五五	（大慶山宗福寺）	この世から 仏にすがり 給ふなら 後世もぜんしょに みちびかれけり
第17番	正法寺	郡山市三穂田町山口字芦ノ口一〇	（天湯山正法寺）	山口で 広きこうぢを ながむれば 秋の黄ばみぞ 楽しかるらん
第18番	勝音寺	郡山市逢瀬町多田野字本郷二〇六	（普門山勝音寺）	津賀野瀬に いざらいあがむ 御仏に ひたぶるひなの ながれやもすむ
第19番	長泉寺	郡山市大槻町字上町七	（磐石山長泉寺）	有難や みのりの風に 雲晴れて 慈悲の泉に やどる月影
第20番	善昌寺	郡山市逢瀬町河内字屋敷六九	（高広山善昌寺）	西方の 弥陀のみくにに 行きたくば 今の世からの 心がけなり
第21番	廣修寺	郡山市片平町字寺下三四	（深谷山廣修寺）	かたびらの 山は紅葉の いろそゐて 花よりまさる 楽しかるらん

第22番	岩蔵寺	郡山市片平町字寺下三五 （矢作山岩蔵寺）	はるばると 海辺に遠き 山おくの 寺へ詣るも 後の世のため
第23番	常居寺	郡山市片平町字寺下三六 （霊鷺山常居寺）	ともに手を 引きつひかれて 常居寺の 山に鐘きく 法のたのしみ
第24番	慈恩寺	郡山市熱海町安子島字滝ノ上 （清涼山慈恩寺）	海もなき 渚に遠き 山里に なにとてここは 安子ヶ島かな
第25番	龍角寺	郡山市喜久田町堀之内字堀内一七六 （医王山龍角寺）	栗木にて ほろりとおちる 竜の角 末の世までも 名こそのこれる
第26番	西泉寺	郡山市喜久田町早稲原字町一三八 （八幡山西泉寺）	み仏の 誓ひも深き 西泉寺 日々のみのりを きくぞ嬉しき
第27番	福田寺	郡山市喜久田町前田沢一－四一 （小室山福田寺）	はるばると 老若男女 参られる 仏の誓ひ あらたになるらん
第28番	西方寺	郡山市日和田町字日和田一三八 （廣沢山西方寺）	すくはれし 安積の沼の 蛇枕に 昔をしのぶ 慈悲のおもかげ

番	寺名	所在地	御詠歌
第 29 番	**保福寺**	郡山市日和田町八丁目字仲頃四五（恵日山保福寺）	おおかわの 流れ聞こゆる 八丁目の 寺へまゐるも 後の世のため
第 30 番	**本栖寺**	郡山市富久山町福原字福原一一（恵実山本栖寺）	本来の 清き心で 詣りなば その身そのまま 仏なるらん
第 31 番	**金剛寺**	郡山市富久山町八山田字舘前一二（風早山金剛寺）	おしなべて もらさでてらす 瑠璃光の 二世の利益ぞ たのもしきかな
第 32 番	**西光寺**	郡山市富田町字町内一六（富田山西光寺）	西方に 光りかがやく 浄土なる 蓮の台に 仏まします
第 33 番	**阿弥陀寺**	郡山市富久山町久保田字久保田五二（無量山阿弥陀寺）	新たなる しるし有けり 弥陀如来 願をかけよ 参れ世の人

15

仙東三十三観音

仙東三十三観音について詳細は不明である。『全国巡礼総覧』や『東村史』の中に見られるのみで、範囲は仙道・田村郡・石川郡・白河郡と記されるが、二十番と二十一番札所が判っているだけで他は不明。創設については、白河市金谷町の法永山妙徳寺の旧鐘銘により宝暦十二年（一七六二）とされている。

第20番	第21番
鹿島神社神宮寺	高雄山神宮寺
白河市東下野出島字坂口	白河市東下野出島字坂口
仏とて 老えせぬものは 昔より 寄れとも年は 若宮の寺	仏とて 老えせぬものは 昔より 寄れとも年は 若宮の寺

第二十番札所

鹿島神社神宮寺（白河市東下野出島）

第二十一番札所

高雄山神宮寺（白河市東下野出島）

16

田村三十三観音

田村三十三観音は、田村円通三十三観音とも呼ばれ、観音の霊場範囲は、三春町を中心に田村市・郡山市・葛尾村に祀られる。開創は、元禄五年（一六九二）郡山市西田町の桜梅山雪村庵の住職琢道の手になるとされる。雪村庵は、室町時代の水墨画の画聖とされる禅僧雪村が晩年に過した場所である。田村三十三観音には、聖観音十体、十一面観音八体、馬頭観音七体、千手観音六体、准胝観音・如意輪観音各一体が祀られている。

発願札所　第一番

清水寺観音堂跡（芹ヶ沢公園）

結願札所　第三十三番

桜梅山雪村庵（郡山市西田町）

第１番	清水寺観音堂	三春町芹ヶ沢字長作　（芹ヶ沢公園・無量山清水寺）	みなもとの 流れを伝う 清水の むいの誓ひは ふかき願ひか
第２番	福聚寺観音堂	三春町字御免町一九四　（慧日山福聚寺）	福聚海 無量の功徳 くみて知る 恵日の光 罪も消ゆるを
第３番	華正院観音堂	三春町字荒町七〇　（中山寺華正院）	馬頭こそ 畜生道の 苦しみを 助け給ふは 頼もしきかな
第４番	霊光庵観音	三春町字渋池　（別当 来光院霊光庵）	霊光を 悟りて見れば 観音は 男も女も 変わらざりけり
第５番	萬願寺観音堂	田村市船引町新館字下八九六　（雪立山萬願寺・現日渡神社）	請戸より とんで常葉の 休石 嶽へ登るは 千手観音
第６番	東鳥観音堂	田村市船引町北移字東鳥堂　（東龍山満願寺・現東鳥堂神社）	はるばると 見に北移 観音の 草わけ給ふ 巡礼の道
第７番	薬師寺観音堂	葛尾村葛尾字北平一一　（早馬山薬師寺）	ただ頼め 遠く歩みを 運びなば 花の葛も 御手にかからん

番	名称	所在地	御詠歌
第8番	中山観音堂	田村市船引町中山字表　（中東山真善寺）	中山に かかる浮世の 道たえて まこと千手の 誓ひたのもし
第9番	照光寺観音	田村市船引町北鹿又字寺ノ脇五〇　（恵日山照光寺）	ただ頼め 二世安楽の 御誓ひ 大悲の影は 照り光る寺
第10番	猿内観音堂	田村市常葉町新田作　（洞雲山絵松寺・現絵松神社）	風吹けど よもや落葉の 絵松寺 みさを変わらぬ 誓ひならまし
第11番	西戸観音堂	田村市都路町岩井沢字西戸　（別当 龍燈山長岩寺）	極楽は さいどといえど 観音の 浄土は南 なべて捨てるな
第12番	大岩観音	田村市都路町岩井沢字九郎鹿　（別当 龍燈山長岩寺）	岩に岩 かさねたてたる 観音は 寂寛とある よき住家かな
第13番	杉内観音堂	田村市都路町古道字杉内　（別当 不動山円寿寺）	思ひきや 年古道の 奥山に 御法の声を いま聞かんとは
第14番	宮山観音堂	田村市大越町上大越字蟹沢三二　（円通山観照寺）	大声を かけつつ祈る 観音の 松もろともに 伸ることぶき

番	名称	所在地	御詠歌
第15番	入水観音堂	田村市滝根町菅谷字入水一二四（萬歳山入水寺）	寂静の 山もそびえて 高ければ しばしとてこそ 月は入水
第16番	海禅院観音堂	田村市滝根町広瀬字町一一三（龍雲山海禅院）	観音の 御法をたつとき 海禅の 深き心は たれくみてしる
第17番	蛇内観音堂	田村市滝根町広瀬字尼ケ堤（別当 紫雲山龍蔵寺）	蛇内に いわいたてたる 観音の 御法の経を 守るとぞ知る
第18番	貝谷観音堂	田村市滝根町広瀬字貝谷二一九（龍雲山海禅院）	巡礼の 祈りしかいや あらましと 先ず御手洗に 身を清めけん
第19番	永泉寺観音堂	田村市大越町栗出字長根九三－一（瑞鳳山永泉寺）	永泉の 流れに住みし 観音は 寿のぶる 誓ひなるべし
第20番	堂山寺観音	田村市船引町門沢字堂山（龍頭山飛龍寺・現堂山王子神社）	暮にきて 風こそしつめ 雲絶ゆる 堂山寺の 鐘の響きに
第21番	尾ノ内観音堂	田村市船引町遠山沢字尾ノ内（別当 大栄山龍泉寺）	おいずるを まつ尾の内に 我住みて 宿にし帰れ 仇はおさまし

第22番	不動院観音堂	田村市船引町芦沢字本郷前八八（香炉山不動院見清寺）	一筋に 祈る心は 頼もしや 浮世の風に 動かざる寺
第23番	南作観音堂	田村市船引町芦沢字南（別当 長寿山大昌寺）	度生には 異類賢否の へたてなし 不浄の頭に やどる観音
第24番	常林寺観音	郡山市中田町駒板字表七一（観泉山常林寺）	駒板を かけつつ祈る 順礼の 歩みも近き 利生ならまし
第25番	観音寺観音	郡山市中田町木目沢字道内一三（想照山観音寺）	ただ頼め さわぎたちつつ 詣でるは 何か利生の ありてはつべき
第26番	大久保観音堂	郡山市中田町下枝字大久保（金剛院大久保観音）	坂の上に 植えにし松の みどり児を 育くむ鶴の つばさ大久保
第27番	蓮蔵寺観音堂	郡山市中田町下枝字大平一一三（萬松山蓮蔵寺）	行き暮れて この観音を 宿とせば あるじは今宵 花の下枝
第28番	滝ノ作観音堂	郡山市中田町海老根字日照田一（別当 閑送院）	三面の お顔まさしく あらたさに 腰を海老根に 祈りて拝めり

番	札所	所在地	御詠歌
第29番	東光寺観音堂	三春町根本字光谷（香野山東光寺）	東光の 苦界を照らす 観音は 闇路をいだす 餓鬼の苦しみ
第30番	龍光寺観音堂	三春町滝字岩ノ入（大雲山龍光寺）	補陀落は よそにはあらじ 柴原の 滝の御寺に ひびく浪風
第31番	貝山観音堂	三春町貝山字堀ノ内（別当 慧日山福聚寺）	貝山の 観音堂の 草や木も 昔の春に なすよしもがな
第32番	善応寺観音	三春町鷹巣字泉田（円通山善応寺）	円通の 誓ひにもるる ことはなし 運ぶ歩みに 諸願善応
第33番	雪村庵	郡山市西田町大田字雪村一七四－二（桜梅山雪村庵）	降り積る 雪村わけて 順礼の 御法の札を うち納めけり

17

田村姓氏(司)三十三観音

田村姓氏(司)三十三観音は、発願寺の普門院(慈心院・田村市常葉町)や結願寺の観照寺(田村市大越町)や飛龍寺(田村市船引町)の僧侶が中心となって創設したとされる。開創の時期は、元禄五年(一六九二)以降とされ、札所は田村市・三春町・郡山市の二市一町の地内に設定されている。田村姓氏(司)三十三観音には、聖観音十三体、十一面観音七体、千手観音五体、馬頭観音四体、如意輪観音二体、子安観音・准胝観音各一体が祀られている。

発願札所　第一番

大慈山普門寺本堂（田村市常葉町）

結願札所　第三十三番

円通山観照寺本堂（田村市大越町）

第1番	普門寺観音	田村市常葉町常葉字内町三 （大慈山普門寺・慈心院）	御誓願 かわらぬ色や 常葉なる 恵みもひろき 普門寺の庵
第2番	東円寺観音	田村市常葉町関本字岡ノ内一〇	つくりぬる 罪を定めよ 関の本 はるばる来つつ 祈る印に
第3番	杉内観音堂	田村市都路町古道字杉内 （不動山円寿寺）	深山路や 桧原松原 杉の内 緑の内に ひびく川の瀬
第4番	大岩観音	田村市都路町岩井沢字九郎鹿 （別当 龍燈山長岩寺）	峰高く 道も定かに 見へねども 難行苦行 大岩の山
第5番	西戸観音堂	田村市都路町岩井沢字西戸 （別当 龍燈山長岩寺）	西戸より 花の御台の 夕日かけ これぞ拝まん 極楽のうち
第6番	南作観音堂	田村市都路町岩井沢字平蔵内	一筋に 頼む南の 観世音 迷う心そ たどる越路を
第7番	言神観音堂	田村市都路町岩井沢字言神	頼むとも たたへすかけて 湯の神の 助けも仏の 教えなるらん

第8番	第9番	第10番	第11番	第12番	第13番	第14番
大槻観音堂	**丸木観音堂**	**猿内観音堂**	**遊舟観音堂**	**中山観音堂**	**東鳥観音堂**	**満願寺観音堂**
田村市都路町岩井沢字大槻	田村市都路町岩井沢字松葉	田村市常葉町新田作（洞雲山絵松寺・現絵松神社）	田村市常葉町新田作（猿内観音堂と合併）	田村市船引町中山字表（中東山真善寺）	田村市船引町北移字東鳥堂（東龍山満願寺・現東鳥堂神社）	田村市船引町新館字下八九六（雪立山萬願寺・現日渡神社）
後の世に 越路を照らす 大槻や 仏の光り 新たにこそ見ん	心から 丸木御影を 祈りなば などか浮身も 沈みはつべき	参りぬる 大慈大悲の ちからにて 今より悪を 去る内の堂	真如海《しんにょかい》 ぐせいの遊舟 こぎ出でて 待つ彼の岸に 渡り初めなん	定めなき 身ぞなかなかに 中山の 寺に参るも 後の世のため	何時となく さぞや心は 北移 辿りとどりと 運ぶ歩みを	未来とも 懸けてぞ頼む 満願寺 皆身うつしの 嶽の白雲

番	名称	所在地	御詠歌
第15番	照光寺観音	田村市船引町北鹿又字寺脇五〇（恵日山照光寺）	照り光る 御寺へ参る 度毎に 真如の玉の 曇り磨きぬ
第16番	観音寺観音堂	田村市船引町春山字浅田一九〇	自ずから 花の手向けを 春山の 南無観世音 しばし拝まん
第17番	清水寺観音堂	三春町芹ヶ沢字長作（無量山清水寺・芹ヶ沢公園）	滝の瀬の 音はなけれど 清水の 花の流れを 汲む誓ひかな
第18番	福聚寺観音堂	三春町字御免町一九四（慧日山福聚寺）	年古き 御寺の法の こいごいに 積もる無量の 罪もすむなん
第19番	華正院観音堂	三春町字荒町七〇（中山寺華正院）	伏し拝む 利生新たに 荒町の 観音堂に おつる夜の月
第20番	霊光庵観音	三春町字渋池（別当 来光院霊光庵）	散る花の 生き様感じて おん香も 霊光院の 軒の松風
第21番	雪村庵	郡山市西田町大田字雪村一七四－二（桜梅山雪村庵）	花咲くや 枯れし梢の 梅桜 雪むら消えぬ 苔の下道

第22番	第23番	第24番	第25番	第26番	第27番	第28番
善応寺観音	**龍光寺観音堂**	**蓮蔵寺観音堂**	**大久保観音堂**	**常林寺観音**	**飛龍寺観音**	**永泉寺観音堂**
三春町鷹巣字泉田 （円通山善応寺）	三春町滝字岩ノ入 （大雲山龍光寺）	郡山市中田町下枝字大平一一三 （萬松山蓮蔵寺）	郡山市中田町下枝字大久保	郡山市中田町駒板字表七一 （観泉山常林寺）	田村市船引町門沢字新屋敷七九 （龍燈山飛龍寺・堂山寺）	田村市大越町栗出字長根九三ー一 （瑞鳳山永泉寺）
いやしきも 教えにすすむ 善応寺 仏の恵み ありがたの宮	花の波 落ちくる滝の 龍光寺 起る迷いの 雲は晴れつつ	下枝も 繁る木影の 御宝前 幾世の春を 繁昌の里	坂の上 植えにし松も 緑けり 育む鶴の つばさ大久保	春はなお 勇む心の 駒板に そこ«とも知らで 行き過ぎの道	みもすでに 出でぬ火室の 門沢や 頼む誓ひの 深き堂山	祈りつつ またこそここぞ 栗出村 永き泉の 寺の利益に

第29番	**蛇内観音堂**	田村市滝根町広瀬字尼ケ堤　（紫雲山龍蔵寺）	罪深き 身も浮かぶべき 大川や 広瀬のひろき 蛇内の堂
第30番	**貝谷観音堂**	田村市滝根町広瀬字貝谷二一九　（龍雲山海禅院）	ひたすらに 仏を祈る 甲斐やある 浮世の波の 立つを知らねば
第31番	**入水観音堂**	田村市滝根町菅谷字入水一二四　（萬歳山入水寺）	湧き出ずる 岩間流れの 大滝根 これぞ御法の 入水の寺
第32番	**山崎観音堂**	田村市滝根町菅谷字山崎	谷峰も 経たてず山崎の 宝堂 わくる菩提の 道の辺の月
第33番	**宮山観音堂**	田村市大越町上大越字蟹沢三二　（円通山観照寺）	巡礼の 袖を連らねて 大越の 宮山堂の 萬代の春

18 三春領百観音

三春領百観音は、田村百観音とも呼ばれ、三春領内百ヶ所の観世音を選んで巡礼地とした。創設は江戸期とされ、文化三年（一八〇六）『御領内寺院之覚』が記された頃には、盛んに巡拝されていたと考えられる。巡拝地は、三春町・田村市・郡山市・浪江町・葛尾村の広範囲に設定され、三春領百観音には、聖観音三十四体、十一面観音十八体、馬頭観音十六体、千手観音十五体、如意輪観音五体、子安観音三体、准胝観音二体が祀られており不明は七体となっている。札所は『大越町史　近世資料双書』を参照した。

発願札所　第一番

大雄寺観音堂（田村市船引町）

結願札所　第百番

桜梅山雪村庵（郡山市西田町）

第1番	**大雄寺**	田村市船引町船引字新房院（大雄寺観音堂）	はかりなき 世の苦しみに 迫るとも 法の力に 救い助けん
第2番	**たてから**	田村市船引町船引字卯田ヶ作	此岸より 彼岸に渡す 舟引きて 弘誓と思へ 心たてがら
第3番	**普門寺**	田村市常葉町常葉字内町三（大慈山普門寺・別名慈心院）	御誓願 変らぬ色や 常葉なる 恵みも深き 普門寺の庵
第4番	**東円寺**	田村市常葉町関本字岡ノ内一〇	作りぬる 罪も止めよ 関の本 遥々来つつ 祈る印に
第5番	**杉内堂**	田村市都路町古道字杉内（杉内観音堂・不動山円寿寺）	深山路や 桧原松原 杉内の 緑の内に ひらく川の瀬
第6番	**西殿**	田村市都路町岩井沢字西戸（西戸観音堂）	西戸より 花のうてなの 夕日影 これぞ拝まん 極楽の内
第7番	**丸木堂**	田村市都路町岩井沢字松葉（丸木観音堂）	心から 丸木御影を 祈りなば などかうき身も 沈み果つべき

番	名称	所在地	御詠歌
第8番	**大槻**	田村市都路町岩井沢字大槻（大槻観音堂）	後の世の 闇路を照らす 大槻や 仏の光 新たにぞ見ん
第9番	**南作**	田村市都路町岩井沢字平蔵内（南作観音堂）〈廃堂〉	一筋に 頼む南の 観世音 迷う心に 辿る闇路を
第10番	**遊上堂**	田村市都路町岩井沢字言神（言神観音堂）	後のなお 絶えず願ひと 遊上の 告げも仏の 教えなるらん
第11番	**大岩**	田村市都路町岩井沢字九郎鹿（大岩観音・別当 龍頭山長岩寺）	浮びなん 身の喜びや 岩井沢 救わせ給ふ 御誓ひにてぞ
第12番	**もつとうだ**	田村市都路町岩井沢字持藤田（持藤田観音堂）	有難や 深き誓ひは 持藤田 五十念力 岩井沢水
第13番	**猿内堂**	田村市常葉町新田作字笊内（猿内観音堂・洞雲山絵松寺・現絵松神社）	詣でぬる 大慈大悲の 力にて 今より悪を 猿内の堂
第14番	**遊船堂**	田村市常葉町新田作（遊舟観音堂・猿内観音堂と合祀）	真如海 弘誓の遊舟 こぎ出でて 待つ彼の岸に 渡りそめなん

第15番	**大柳**	浪江町南津島	（大柳観音堂）	自ずから 仏の縁に 大柳の 永き御慈悲の 頼りなるらん
第16番	**薬師寺**	葛尾村葛尾字北平一一	（薬師寺観音堂）	逆縁も 守らぬ縁の 葛尾と 詣で来る人 取りて捨てなん
第17番	**真善寺**	田村市船引町中山字表	（中山観音堂・中東山真善寺）	定めなき 身は仲々に 中山へ 参る心も 後の世のため
第18番	**吉祥寺**	田村市船引町北移字大畑	（大畑観音堂）	菩提にも 至る時しも 北宇津志 よき幸いの 縁となるらん
第19番	**正覚寺**	田村市船引町南移	（正覚寺観音堂・現萬寿山松岳寺）	寿を 満つるみ寺は ここぞとて 参る人々 正覚をとる
第20番	**東鳥堂**	田村市船引町北移	（東鳥観音堂・現東鳥神社）	何時となく 誘う心に 北宇津志 辿り東鳥を 運ぶ歩みを
第21番	**長久寺**	田村市船引町石沢字町一七九－一	（長久寺観音堂・嶽應山長久寺）	あら尊と 御法は重き 石沢の 永く久しき 後の世のため

番号	寺名	所在地	御詠歌
第22番	満願寺	田村市船引町新館字下八九六（雪立山萬願寺・現日渡神社）	未来をも かけて頼むや 万願寺 御影移の 峰の白雲
第23番	龍蔵寺	田村市船引町長外路字下ノ久保（龍蔵寺観音堂）	この娑婆を 何時免れん 長路も 祈らば近し 極楽の道
第24番	照光寺	田村市船引町北鹿又字寺脇五〇（恵日山照光寺）	照り光る 御寺に参る 度毎に 真如の玉の 曇り磨かん
第25番	樋ノ口	田村市船引町北鹿又字岫ノ前（樋ノ口観音堂）	詣でくる 人の心は 太きなる 樋の口とても 堅く出でくる
第26番	上ノ台	田村市船引町門鹿（上ノ台観音堂）	誓ひには 畜生餓鬼も 救わるる 九顕界は 猶や助けん
第27番	別当 宗々右衛門	田村市船引町石森	疎かに 参る心は 軽くとも 石の森より 重き大慈悲
第28番	別当 戸屋善之丞	田村市船引町石森字戸屋（戸屋観音堂）	有難や 鹿島の嶽の 麓にて 大慈大悲の 菩薩やと云う

番	別当等	所在地	御詠歌
第29番	別当 古たて三乗院	三春町実沢 （古舘観音堂）	御法には 体いちいの 誓ひにて 男女産子も 黙し給わず
第30番	西ノ内 四郎次	三春町実沢字西ノ内 （西ノ内観音堂）	末永く 楽しむ国は 何処ぞや 思ふはかなき 西の内ぞや
第31番	別当平池田 与五右衛門	三春町富沢字平生田 （平池田観音堂）	樋の穴も 変わりて見ゆる 平池田 猶頼もしき 御誓ひかな
第32番	別当山中 久次右衛門	三春町富沢字松ヶ作 （松ヶ作観音堂）	潔よき 土地はあたかも 山中や 補陀落界の 浄土なるらん
第33番	観音寺	田村市船引町春山字浅田一九〇 （観音寺観音堂）	自ずから 花の手向けを 春山の 南無観音寺 暫し拝まん
第34番	別当 陽龍寺	田村市船引町春山 （陽龍寺観音）	白雲や 真如の月は 春山の 光と共に 照りまさりなん
第35番	暁日山 長松院	田村市船引町永谷 （長松院観音）〈廃寺〉	命だに 長くも松と もろ共に もうと祈らば 菩提とはなる

番	札所	所在地	御詠歌
第 36 番	常泉寺	田村市船引町今泉字堀ノ内三二三（常泉寺観音堂）	大慈悲の 水の流れは 今泉 常に尽きせぬ 御法なりけり
第 37 番	古久地	田村市大越町下大越字小久地（古久地観音堂）	古久地とは 古く久しき 土地なれば これ観音の 浄土なるらん
第 38 番	観鐘寺（照）	田村市大越町上大越字蟹沢三二（円通山観鐘寺）	巡礼の 袖を連らねて 大越の 宮山堂や よろず代の春
第 39 番	山崎堂	田村市滝根町菅谷字大子堂（山崎観音堂）	谷峰も へたつ山崎 宝寺 分くる菩提の 道野辺の草
第 40 番	入水寺	田村市滝根町菅谷字入水一二四（入水観音堂・萬歳山入水寺）	湧き出ずる 岩間の流れ 大滝根 これぞ御法に 入水の寺
第 41 番	称名寺	田村市滝根町神俣字関場一九五（阿弥陀山称名寺）	御名となえ 素直に祈る 祈るには 神先ず誘い 導くと聞く
第 42 番	龍光寺	田村市滝根町神俣字木ノ下（大滝山龍光寺）〈廃寺〉	数々の 御法の力 多ければ 重き罪とが 忽ちに消ゆる

第43番	貝谷	田村市滝根町広瀬字貝谷（貝谷観音堂）	ひたすらに 仏を祈る 甲斐やある 浮世の波の 立つを知らねば
第44番	蛇内堂	田村市滝根町広瀬字尼ケ堤（蛇内観音堂・紫雲山龍蔵寺）	罪深き 身も浮かぶべき 川波や 広瀬の里の 蛇内の堂
第45番	海禅院	田村市滝根町広瀬字町一一三（海禅院観音堂・龍雲山海禅寺）	この世とは 僅か狭しき くちなれば 広い世界と 祈れ人々
第46番	永泉寺	田村市大越町栗出字長根九三－一（永泉寺観音堂・瑞鳳山永泉寺）	祈りつつ またこそここに 栗出村 永き泉の 利益なるらん
第47番	龍頭山 堂山寺	田村市船引町門沢字堂山（飛龍寺観音堂・現堂山王子神社）	身もすでに 出でん火宅の 門沢や 頼む誓ひの 深き堂山
第48番	（尾）小野内	田村市船引町遠山沢字尾ノ内（尾ノ内観音堂・大栄山龍泉寺）	流れゆく 遠山沢の 谷の水 小野内堂の これぞ満たしや
第49番	香炉山 不動院	田村市船引町芦沢字本郷前八八（不動院観音堂・香炉山不動院）	煩悩の 罪はまちまち 不動院 香の煙と 共に消えなん

第50番	中屋形	田村市船引町芦沢字下屋形（中屋形観音堂）	観音を 祈るしるしか 芦沢の 深き心を 如何で守らん
第51番	南洞	田村市船引町芦沢字南（南作観音堂・別当 長寿山大昌寺）	補陀落の 世界は外に なきぞよと 南にあると 祈り程かしょ
第52番	夜打内	田村市船引町芦沢字夜討内（夜打内観音堂）	平らおば 南にうけて 有難く 思ふて祈れ 夜打石松
第53番	寛永山 常林寺	郡山市中田町駒板字表七一（常林寺観音堂・観泉山常林寺）	春はなお 勇む心の 駒板に 其処とも知らで 行く法の道
第54番	観音寺	郡山市中田町木目沢字道内一三（観音寺観音堂・想照山観音寺）	朝夕に 御法の木目 沢の水 深く頼めば 利益溢るる
第55番	桂蔵寺	郡山市中田町黒木（桂蔵寺観音）	黒木とは 名のみ光は 有明の 月の桂の 御寺なるらん
第56番	石堂	郡山市中田町海老根字石堂（石堂観音堂）	人々の 祈る心は 軽くとも 仏の御法 重き石堂

番	名称	所在地	御詠歌
第57番	(後)古庵	郡山市中田町下枝字長久保（古庵観音堂）	速やかに 菩提にいたる 御乗物 これより他に 宝船なし
第58番	南野寺	郡山市中田町下枝（南野寺観音堂）	利生おば 南のための 寺参り あわれ我等を 救い給へや
第59番	柏田	郡山市中田町下枝（柏田観音堂）	枯れ木にも 花咲くほどの 御誓 ただ心にぞ 祈れ御法を
第60番	蓮蔵寺	郡山市中田町下枝字大平一一三（蓮蔵寺観音堂・萬松山蓮蔵寺）	下枝も 繁る木陰の 御宝前 幾世の春や 繁昌の里
第61番	大久保	郡山市中田町下枝字大久保（大久保観音堂）	一心に 南無観音と となへなば 罪災難も 除き給わん
第62番	松の木	郡山市中田町下枝字松ノ木（松ノ木観音堂）	ただ頼め 万代のこと 祈りてぞ 仏のめぐみ ここに松の木
第63番	高野山東光寺	三春町根本字光谷（東光寺観音堂・香野山東光寺）	金剛峰 ここに移すや 高野山 歩みを運ぶ 人は成仏

番	札所	所在地	御詠歌
第64番	長谷子	郡山市中田町上石字長谷子 （長谷子観音堂）	有難と 声を上げいし はせ参る 志おば 哀れみにけり
第65番	山中	郡山市中田町上石字山中 （山中観音堂）	実相の 真如の月は 明らかに 清けき影は 山の中まで
第66番	照月山 善応寺	三春町過足字寺ノ前	照る月や 影をいただく 輩は 善悪ともに 仰せぬはなし
第67番	宝泉寺	三春町樋渡 （宝泉寺観音）	煩悩の 炎を野咲く 泉寺 これぞ甘露の 法雨なるらん
第68番	滝ノ作	郡山市中田町海老根字滝ノ作 （滝ノ作観音堂）	音に聞く 海老根の里の 滝の作 誓ひは深き 御法なるらん
第69番	宮ノ下	郡山市中田町高倉字宮ノ下 （宮ノ下観音堂）	御手ごとに 知恵の弓に 知恵の矢は これぞ悪魔を 降伏の相
第70番	(羽)葉広	郡山市中田町高倉字羽広 （羽広観音堂）	大きなる 蓮のうてな 高倉や 猶に羽広と 聞いて頼もし

第71番	安養寺	三春町斎藤字斎藤（安養寺観音堂）	斎藤は 三十三の 観世音 救い載せざる ことはあらじな
第72番	竹ノ下	三春町西方字西方前（竹ノ下観音堂・別当 威宝院）	竹の下 みさお素直に 祈るべし ひとへに願ふ 西方の里
第73番	州伝寺	三春町字新町二五一（天翁山州伝寺）	一切の 功徳を具する 観世音 返えすがえすも 頂礼をせよ
第74番	真照寺	三春町字新町二五八（日乗山真照寺）	潔き 恵日の光 新たにて 無明の闇を 照らし給へき
第75番	福聚寺	三春町字御免町一九四（福聚寺観音堂・慧日山福聚寺）	年古き 寺の御法は 越えにしに 積もる無量の 罪も消えなん
第76番	花（華）正院	三春町字荒町七〇（華正院観音堂・中山寺華正院）	伏し拝む 利生新たに 荒町の 観音堂の おぼろ夜の月
第77番	霊光庵	三春町字渋池（霊光庵観音堂・別当 来光院霊光庵）	散る花の 異香薫じて 霊光庵 軒の松風 法の声して

第 78 番	**陽照寺**	三春町字北向町　（三春切通し）（陽照寺観音堂）	真にや 知恵の願行 広ければ 貴き賤しき 救いもらさじ
第 79 番	**清水寺**	三春町芹ヶ沢字長作　（清水寺観音堂・無量山清水寺）	滝つ瀬の 音はなけれど 清水の 花の流れを 汲み誓ひかな
第 80 番	**古寺**	三春町平沢字担橋　（古寺観音堂）	幾千代や 万世までも 古寺の 月の光は 何時もさやけき
第 81 番	**西ノ内**	三春町平沢字西ノ内　（西ノ内観音堂）	祈りなば 極重悪の ともがらも 早く浄土に 至らしむべき
第 82 番	**別当 沢口別当和合院**	三春町平沢　（沢口観音堂・別当 和合院）	何処にも げんせぬ国は 無き誓ひ 露浮く暇も 御名を称へよ
第 83 番	**中ノ内**	三春町御祭字中ノ内　（中内観音堂）	御祭りと 聞いて詣ずる 輩は 菩提に至る 因縁と知れ
第 84 番	**式部内**	郡山市西田町土棚字式部内　（式部内観音堂）	土棚も 蓮のうてなと 志ざし 偏えに祈れ 大慈大悲を

第85番	（里）佐 戸	郡山市西田町鬼生田字里 （里観音堂）	山の端を 出ずる真如の 月冴えて 影をもらさぬ 町や里まで
第86番	別当古屋しき 明尊院	郡山市西田町三町目 （古屋敷観音堂）	いくばくの 千代万世を 古屋敷 座頭石より 固き照覧
第87番	内串 常照院	郡山市西田町大畑字内串 （内串観音堂）	子等はまた 極楽界の 内串や 常に照らせる 月を眺めよ
第88番	本郷 梅ノ木内後	田村市船引町荒和田字本郷 （本郷観音）	梅の木の 内とや聞けば 自ずから 慈悲の誓ひも 香ばしきかな
第89番	荒和寺	田村市船引町荒和田 （荒和寺観音堂）	霊験も 忽ち見ゆる 御名称え 怠りもなく 祈り給へや
第90番	日中内	三春町北成田字日中内 （日中内観音堂）	闇の夜も 輝き光る 日中内 手引を誘い 救い採りなん
第91番	薬師寺	三春町鷹巣字薬師堂七四 （薬師堂観音堂・医王山薬師寺）	二十五の 数の菩薩の 来光は これぞ即ち 浄土なるらん

第92番	善応寺	三春町鷹巣字泉田 （円通山善応寺）	賎しきも 教えに進む 善応寺 仏の恵み 有難の宮
第93番	寂明庵	三春町鷹巣 （寂明庵観音）	寂光の 都は近き 明らかに 祈る心の 目の前にあり
第94番	医王寺	郡山市西田町 （医王寺観音堂）	月見んと 舘に登りて 眺むれば 百里の光と 共に照らせり
第95番	古戸 普門寺	三春町熊耳字古殿 （古殿観音堂）	幾久し 年を古殿の 月影は あまねき角を 照らし給へり
第96番	貝山 小倉	三春町貝山字堀ノ内 （貝山観音堂・別当 慧日山福聚寺）	御仏を 祈るしるしの 貝山や 小倉の里を 伏し拝むなん
第97番	桂昌寺	三春町狐田 （桂昌寺観音堂）	曇りなき 月の桂の 盛りにて 稲荷山まで 光添えけん
第98番	滑津	三春町柴原字滑津 （滑津観音堂）	明らかに 鏡の如き 御法ぞや 素直に迎え 参るともがら

第99番	第100番
龍光寺	**桜梅山 雪村庵**
三春町滝字岩ノ入（龍光寺観音堂・大雲山龍光寺） 花の波 落ちくる滝の 龍光寺 濁る迷いの 雲も晴れつつ	郡山市西田町大田字雪村一七四－二（桜梅山雪村庵） 花咲くや 枯れし梢の 梅桜 雪村消えの 苔の下道

19

相馬三十三観音

相馬三十三観音は、奥相（奥州相馬）三十三観音・相馬領内三十三観音・相馬封内三十三観音・御国三十三観音・宇多郡札所とも呼ばれ、旧相馬領内現在の相馬市・南相馬市・浪江町・双葉町に設定された観音札所である。相馬三十三観音は、相馬藩五代藩主相馬昌胤が、正徳年間（一七一一－一六）に領内の観音菩薩三十三ヶ所を選び、西国に倣って霊場として定めたことに始まるとされる。御詠歌は、歌人でもある打《うつ》它《た》光軌《みつのり》（号・藻虫庵雲泉）が正徳五年（一七一五）に詠じた。相馬三十三観音には、聖観音十七体、十一面観音七体、千手観音四体、如意輪観音四体、勢至観音一体が祀られている。

新沼観音堂（相馬市新沼）

発願札所　第一番

安倉観音堂（南相馬市鹿島区）

結願札所　第三十三番

第1番	新沼観音堂	相馬市新沼字観音前一九三－一	（高池山自在院）	法の門 さらで待ちぬと 聞くからに なほ入ることを たのまざらめや
第2番	興仁寺観音堂	相馬市中村字宇多川町九四	（崇徳山興仁寺）	日も月も 山を照らして おのづから 大悲の光 世にや見すらん
第3番	小泉観音堂	相馬市小泉字高池四〇三	（小野山慶徳寺）	世をのがれ きよくしづかに 庵しめて 大悲のちかひ 待つことにせん
第4番	田中観音堂	相馬市中村字高池前四三	（妙見山歓喜寺）	ながめやる 海原とほく こぐ舟の 跡はかもなき 世を思へ人
第5番	円応寺観音堂	相馬市中村字川原町一六四	（豊池山円応寺）	渕に身は よししづむとも 誓ひてん 法の浅瀬に あふを頼まん
第6番	金蔵院観音堂	相馬市西山字表西山	（補陀洛山金蔵寺）	たぐひなき みのりの花の 種植えて いく春ごとに あかずめつらん
第7番	岩ノ子観音堂	相馬市岩子字大迫二八七	（赤城山長命寺）	さまざまの 色香に匂ふ 法の花 心ごころの かざしとぞ咲く

番	名称	所在地	御詠歌
第8番	程田観音堂	相馬市程田字朝日前（相馬山摂取院）	名に立てて 世に仰ぐかな さまざまの おそれを人に さくる誓ひを
第9番	江垂観音堂	南相馬市鹿島区江垂字中舘七七ー一（補陀落山観音寺）	受けしその 玉の飾を また分けて 施す光 いや増るらし
第10番	泉観音堂	南相馬市原町区泉字寺家前二六三ー二（新田山泉龍寺）	わたすべき ちかひの舟に のりをえて 千尋の海の 波もいとはじ
第11番	大甕観音堂	南相馬市原町区大甕字梨木下一六三（大甕山医徳寺）	一筋に たのむ心の 誠より 誓ひ空しく 人はすごさじ
第12番	片草観音堂	南相馬市小高区片草字片草迫一八六ー二（片草山如意輪寺）	皆人の 思ひにこがす 身なりとも 誓ひし法の 池にすずまん
第13番	同慶寺観音堂	南相馬市小高区小高字上広畑二四六（小高山同慶寺）	悪しかれと 人を思はじ なかなかに 我が身にかかる 難波江の浪
第14番	福岡観音堂	南相馬市小高区仲町一ー八九（金室山金性寺）	海とほく こぎゆく船の つなでなわ くるしき瀬とは 猶たのむらん

第 15 番	上浦観音堂	南相馬市小高区上浦字芦ケ迫四七一（延命山観音寺）	さまざまの 身の行末の 苦しみも ゆるふ契りの たのもしき哉
第 16 番	船越観音堂	相馬市尾浜字船越一六九（龍燈山大聖寺）	よさの海も ただここながら あふぐぞよ 大聖文殊 大慈大悲を
第 17 番	安楽寺観音堂	浪江町北幾世橋字北原六（八景山安楽寺）	とにかくに あゆみをはこべ 後の世も やすくたのしむ 身のためぞかし
第 18 番	辻観音堂	浪江町幾世橋字来福寺前四七（田中山来福寺）	三十あまり 三つのみてらに 身をよせて みのりの声を 耳にふれなん
第 19 番	前田観音堂	双葉町新山（慶徳山自性院）	たのしみを きわむる寺に 入りきては うき世のことを たれかおもはん
第 20 番	目迫観音堂	双葉町目迫（家迫山光福寺）	朝夕の みねの松風 磯のなみ 浮世のゆめを おどろかすらん
第 21 番	羽鳥観音堂	双葉町上羽鳥（如意山普門院）	皆人の たえずあゆみや はこぶらん あまねき門の 寺ときくより

番	観音堂	所在地	御詠歌
第22番	寺沢観音堂	双葉町寺沢（龍灯山仲禅寺）	火にこがれ 水におぼるる 身なりとも たのまば救ふ 誓ひとぞしれ
第23番	清水寺観音堂	浪江町小野田字清水一〇二-一（熊野山清水寺）	名にたかき 音羽の滝も 今ここに くむ清水ぞ なほにごりなき
第24番	小丸観音堂	浪江町小丸（小丸山自在院）	願ふその 心に叶ふ 福知をも 仰がばうくる 誓ひとぞきく
第25番	涼ヶ森観音堂	浪江町高瀬（龍灯山仲禅寺）	ちることの うさをも知らで とことはに 花の光りの 寺ぞたふとき
第26番	室原観音堂	浪江町室原（宝亀山観音寺）	ふだらくも ここにあふぎて 朝夕に とくや御法の 声のたふとき
第27番	岩屋観音堂	南相馬市小高区泉沢字後屋一四（大悲山慈徳寺）	ただ頼め たのまずとても 三十余り 身をさへかへて すくふちかひを
第28番	鳩原観音堂	南相馬市小高区南鳩原字西畑一八八（金宝山金性寺）	幾世経て 法の光りの あきらけき 寺とぞ聞くに 頼もしきかな

第29番	**新田観音堂**	南相馬市原町区北新田字本町一一	(新田山泉龍寺)	朝な夕な 心につくる 罪とがも 知らで来ん世に 猶まよふべき
第30番	**新祥寺観音堂**	南相馬市原町区本町一-六六	(平田山新祥寺)	罪ふかき 人も仏を 唯たのめ しめじが原の 露ときえなん
第31番	**小池観音堂**	南相馬市鹿島区小池字御手洗《みたらせ》七四	(久保山安養寺)	身をわけて 人を助くる 誓ひとも 思わぬ人の いかに迷はん
第32番	**浮田観音堂**	南相馬市鹿島区浮田字満中内三一一	(金剛院慈眼寺)	疲れをも いとはでめぐれ 身にめぐる 法の車の 我を思はば
第33番	**安倉観音堂**	南相馬市鹿島区山下字安倉八一	(安倉山観音寺)	をこなはば たへなる法の 花も咲き 春にあわんと 猶たのめ人

20 宇多郷三十三観音

宇多郷三十三観音は、正徳年間（一七一一－一六）に相馬五代藩主昌胤が創設したとされる相馬三十三所観音を補完する形で同時期に設定したとされる。しかしその後度々行われた領内の寺院の統廃合や移転、更に明治初期までの神仏分離や廃仏毀釈の流れの中で開設時の札所の特定は困難である。相馬氏の菩提寺である曹洞宗を見ても、明治三年（一八七〇）までに五十ヶ寺が廃寺となり残されたのは十五ヶ寺であった。宇多郷三十三観音に関する資料や文献が乏しい中、大正十五年（一九二六）四月、報恩同時会（蒼龍寺・主幹田中白辨）から、新田善光院の資料をもとに『宇多郷三十三所御詠歌』が頒布された。これは唯一の手懸りではあるが、奥付に「当時の寺院は大概統合せられて、其番所の所在明らかならざるもの多し」と記し要検討と述べている。本稿は同資料と、『奥相志』（嘉永年間（一八四八－五四）に編纂に着手し明治四年（一八七一）に完成）を基にした。

発願札所　第一番

夕顔観音堂奥之院（相馬市・鵜ノ尾岬）

結願札所　第三十三番

白寿下観音堂（相馬市岩子）

番	寺名	所在地	別称	御詠歌
第1番	松川寺	相馬市尾浜・鵜ノ尾岬	（夕顔観音堂奥之院）	沖につり 磯にすなどる 海士までも 大悲の網に いかでもれまし
第2番	長福寺	相馬市尾浜字船越	（船越観音堂）	行く水の 深きに沈む 身なりとも 頼めば浅き 瀬にいたるなり
第3番	見龍寺	相馬市原釜字大津	（大津観音堂）	わたつみを 渡る舟人 頼みなば なみ風いかで 障りなすべき
第4番	自在院	相馬市新沼字観音前	（新沼六角堂・新沼観音堂）	もとよりも 誓ひの海の 広ければ かの岸につく 舟ややすけき
第5番	普明院	相馬市中村字宇多川町九四	（崇徳山興仁寺）	闇に今 迷へる人を 導びきて あまねき光 四方に満つらん
第6番	寿性寺	南相馬市鹿島区小池字御手洗《みたらせ》七四	（久保山安養寺）	春毎に 咲くかとすれば 散る花を 見るにはかなき 世の中と知れ
第7番	浄閑庵	相馬市小泉字高池	（小野山慶徳寺）	さまざまの 人の為とて みそ余り 三つの姿を かふるとぞ聞く

番	寺院	所在地	御詠歌
第8番	上ノ坊	相馬市小泉字根岸（岩崎宅）	はかりなき 命の国に 生まれんと 説きしみのりは 頼まざらめや
第9番	慶徳寺	相馬市小泉字高池（堀川観音）	誰れもみな 頼まばうちに いりぬべし あまねき門は さゝずとぞきく
第10番	不乱院	相馬市中村字高池前四三（妙見山歓喜寺）	絶えずなほ 御名を唱えて 彼の国に むかふる花の うでなにぞのれ
第11番	大徳院	相馬市中村字高池前四三（妙見山歓喜寺）	苦しみも 悩みも遂に とけなまし 一つ心に 御名を唱へば
第12番	聖幢寺	相馬市中村字高池前四三（妙見山歓喜寺）	まことある ひとしたのまば やまのなの 心のごとく 願ひみつべし
第13番	観音院	相馬市中村字高池前四三（妙見山歓喜寺）	あしかれと 人をなにはに 思ふなよ つひに我が身に かへる白波
第14番	密徳院	相馬市小野字薬師堂（小野薬師堂）	鳴る神の 音すさまじく 降る雨も 頼めば晴るる ものと思ひよ

番	寺院	所在地	御詠歌
第15番	**専蔵寺**	相馬市中村字宇多川九四（崇徳山興仁寺）	頼もしな たへなるちえの 力にて みの苦しみも 救うちかいを
第16番	**専明院**	相馬市中村字宇多川九四（崇徳山興仁寺）	ふたつにも 分けにし玉の かざりをも さぞ日も月も 光りそへなん
第17番	**円福寺**	相馬市中村字宇多川九四（崇徳山興仁寺）	年月を ふる木の桜 植えし世を 知らねどたれも 愛づるとをしれ
第18番	**玉宝院**	相馬市中野字寺前四五一（月海山蒼龍寺）	うろのみは 老いも若きも とどまらず ただのちの世の 営みをせよ
第19番	**真光寺**	相馬市中村字川原町一六四（豊池山圓応寺）	三つ業の 罪ことごとく 除かんと 立てし誓ひを ただ頼め人
第20番	**護国院**	相馬市中村字川原町一六四（豊池山圓応寺）	頼めなほ 命にむかふ 人さへも やいばをれにし ためしあるよに
第21番	**金蔵院**	相馬市西山字表西山（下の堂）	疑ひの 心をなさで 月にそひ 日にいやまして 深く頼めよ

第22番	金蔵院	相馬市西山字表西山（大悲閣）	たのめ人 御法の雨を 注ぐより もゆる思ひも 消ゆるとぞ聞く
第23番	長谷寺	相馬市西山字表西山一一二六（天陽山洞雲寺）	世の人の 頼む心の 誠あらば 十種のたから 目の前に見ん
第24番	廣福院	相馬市山上字山岸三二〇（山岸公会堂）	世の中の 人をあわれむ 心をば 空におほへる 雲と知るべし
第25番	八幡寺	相馬市坪田字涼ヶ岡（現赤城山長命寺・相馬市岩子）	ところから いけるをはなつ うろくずも 救ふ誓ひに もるるとやなき
第26番	蓮明院	相馬市成田字阿弥陀堂（成田不動堂）	世を救ふ 恵みはここに 明らけき 鏡に向ふ ごとくならまし
第27番	證覚院	相馬市成田字阿弥陀堂（成田不動堂）	頼むより よしあし共に 世の人の なにはの怨み 身にはうけしな
第28番	日光院	相馬市新田字南城八九（善光院・弁財天）	三観も 慈悲の二つに おさまりて 苦しみをぬき 楽を与ふる

第 29 番	善明院	相馬市馬場野字中谷地一四九－二　（月海山蒼龍寺）	罪深き 想ひにたへず こがれても 頼めばみつの あわと消えゆく
第 30 番	積雲寺	相馬市馬場野字中谷地一四九－二　（月海山蒼龍寺）	怖れなき 事を施こす その名をば 我が名に立てて 人を救へる
第 31 番	摂取院	相馬市程田字朝日前	むつの道 よつのちまたに 迷ふ身も つひには救ふ 誓ひたのもし
第 32 番	福寿院	相馬市新田字八龍　（新田八龍神社）	みな唱なふ 声にこたふる 恵みをば たがわぬ潮の 満ち干とを知れ
第 33 番	羽根田貞山	相馬市岩子字宝迫　（白寿下観音堂）	彼の国に いつか聞かまし 浪の音 松吹く風も みな法の声

21

磐城三十三観音

磐城三十三観音は、いわき市内と双葉郡の広野町・富岡町に及ぶ広範囲に設定されている。札所の開創は、関東巡礼の途、いわき市高野に住した佐渡の僧沙弥宗永とされる。杉成観音のお告げを受けた宗永が、永正十五年（一五一八）一月十日観音の巡礼を始めた由が『磐城三十三所巡礼観音縁起』に見える。磐城三十三観音には、十一面観音十一体、聖観音十一体、千手観音八体、如意輪観音三体が祀られている。

発願札所　第一番

北目観音堂（いわき市平）

結願札所　第三十三番

岩井戸観音堂（富岡町上郡山）

第1番	第2番	第3番	第4番	第5番	第6番	第7番
北目観音堂	**天津観音堂**	**北郷童堂**	**吊るし観音堂**	**湯嶽観音堂**	**高蔵観音堂**	**法田観音堂**
いわき市平字北目町一五九　（如意山普門寺）	いわき市平上荒川字桜町　（見瀧山医王寺）	いわき市内郷綴町高野作	いわき市内郷白水町広畑　（菩提山願成寺）	いわき市常磐藤原町田場坂一二五　（三箱山法海寺）	いわき市高倉町鶴巻五〇　（海雲山高蔵寺）	いわき市山田町仁井谷一三　（慈雲山法田寺）
ふだらくや あまねき門に みのりをぞ たのみわたらせ 末の川はし	ふだらくや 岸うつ波は 荒川の あまつを山に ひびく滝つせ	わらうどう 老をたづねて こうどうじ わが行くさきを 聞きに北郷	白水の みなかみすめる 観世音 岩間をつたう 長谷の寺	みつ筥に 祭り入りたる 湯の嶽の ふもとのけむり いつも絶えせぬ	松杉の 木のま麓に 海見えて ちかひとともに たかくらの寺	法田とや みのりのたねを 春として あゆみの種は 秋をまつらん

番	観音堂	所在地	御詠歌
第8番	**富澤観音堂**	いわき市川部町富沢	まいるより ともしきことは なけれども ほどこさんとは 富沢の寺
第9番	**仏護山観音堂**	いわき市山玉町神中	はるばると 登りてきけば 仏具山 鈴のひびきか 松風の音
第10番	**出蔵観音堂**	いわき市勿来町酒井出蔵一四一（大桜山出蔵寺）	後の世は なおあきらかに なりぬべし 今宵の雲に 月はいでくら
第11番	**関田観音堂**	いわき市勿来町関田寺下四二（関松山松山寺）	みちのくの 名古曽関田の 観清寺 きしうつ波は 松風の音
第12番	**鮫川観音堂**	いわき市錦町大島	まいるより 五つの罪は よもあらじ くろさめ川を うらに見ゆらん
第13番	**下川天狗堂**	いわき市泉町下川字宿ノ川	天狗堂 名をきくだにも おそろしし まいる心は たのもしも川
第14番	**笛ヶ森観音堂**	いわき市常磐下船尾町字作一〇〇（船尾山梵音寺）	笛が森 聞きてたづねて 来て見れば 笛はなくして 森の名ぞかし

第15番	**柳澤観音堂**	いわき市小名浜野田字峰岸　（光明山禅福寺）	木のめたつ 恵みもふかき 柳沢 仏のちかい なおもふかさわ
第16番	**久保中山観音堂**	いわき市鹿島町久保字西ノ作七一　（養照山金光寺）	中山と 聞いてのぼりて 朝日さす 森のこかげに たつは白波
第17番	**高照観音堂**	いわき市鹿島町走熊	世の中は ふもとにありや 東泉寺 日は高照に 水はしりくま
第18番	**沼之内観音堂**	いわき市平沼ノ内字堂下　（天光山密蔵院）	たづねきて のぼりて見れば かけつくり 仏のちかい 高き岩屋に
第19番	**下大越観音堂**	いわき市平下大越字根廻　（大乗峯山安祥院）	おもしろや たづね来て見よ こうしん寺 くれない梅に ますがたの池
第20番	**龍澤観音堂**	いわき市平南白土字湯崎　（龍峰山増福寺）	山高く なにおふほとけ 龍沢や 流れもすえの つきぬあはれみ
第21番	**日吉観音堂**	いわき市平大室字白土二九　（直報山大運寺）	日よしとて 旅立つ道の 今が世や なにとてこれに さわりあるべき

第22番	第23番	第24番	第25番	第26番	第27番	第28番
朝日観音堂	**石森観音堂**	**堂之作観音堂**	**青瀧観音堂**	**髙野坂観音堂**	**苗取観音堂**	**玉山観音堂**
いわき市平幕ノ内字手倉	いわき市平四ツ波字石森 （磐城山忠教寺）	いわき市平上片寄字堂ノ作	いわき市平絹谷字諏訪作二〇〇	いわき市平北神谷字前ノ作	いわき市平水品字荒神平	いわき市四倉町玉山字南作 （甚光山恵日寺）
朝日山 ちかいは同じ 観世音 かたじけなくも かけ幕の内	石森の 仏のちかひ 重くして 頼むにかろき 人の罪とが	草深く 訪ねきて見よ 堂の作 拝むに罪の 浅くなるらん	山深く 登りておがむ 千手堂 那智のお山に まさる青滝	髙野坂 のぼりておがむ 観世音 てらす林の たうとかりけり	観音の ぐぜいの船に 乗りのたね 水品をまく 苗取りの山	朝日さす 月もかたむく 玉山や 恵みかがやく まんふくの寺

第29番	小寺山観音堂	いわき市四倉町西四丁目（済海山如来寺）	古寺山 岸打つ波は うらいその 岩間にひびく 松風の音
第30番	小久観音堂	いわき市大久町小久字大場一一四-二（熊野山宝林寺）	三熊野や 滝のひびきに 夢さめて 今ぞそそがん 久かたの代に
第31番	折木観音堂	広野町折木字高倉（知機山成徳寺）	きくからに 折木てここに 千手堂 波のひびきか 松風の音
第32番	岩下観音堂	広野町上浅見川沢目	浅見川 深き罪とが 岩の下 ぐぜいの船に のりの身なれば
第33番	岩井戸観音堂	富岡町上郡山字岩井戸三二八（福寿山保応寺）	岩井堂 そびえし岩に 懸づくり いつもたえせぬ 松風の音

22 会津ころり三観音

会津ころり三観音は、会津三観音とも称され、中田十一面観音・立木千手観音・鳥追聖観音の三観音のことで、仏教でいう三毒を三徳に変え、七難を七福に転ずると信じられる霊場である。三毒というのは「貪《とん》」＝むさぼる邪心な心、「瞋《じん》」＝腹をたてる怒りの心、「痴《ち》」＝愚痴を言う不平不満の心の三様の心を意味している。三観音をお参りすることにより、心の安らぎや健康長寿を得、やがては「ころり」と安楽大往生が叶うとされる。成立の時期は明らかではない。

中田観音

会津美里町米田字堂ノ後甲一四七（普門山弘安寺）

巡り来て よもの千里を 眺むれば これぞ会津の 中田なるらん

中田観音堂（会津美里町米田）

普門山弘安寺の本堂

立木観音堂（会津坂下町塔寺）

金塔山恵隆寺の本堂

立木観音

会津坂下町塔寺字松原二九四四（金塔山恵隆寺）

はるばると 参りて拝む 恵隆寺 いつも絶えせぬ 松風の音

鳥追観音

西会津町野沢字如法寺乙三五三三

（金剛山如法寺）

かねこわき 山の如きの 法の寺 まことの大悲の 浄土なるらん

鳥追観音堂（西会津町野沢）

金剛山如法寺の本堂

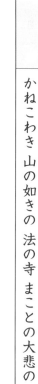

23 湖南七観音

湖南七観音は、昔から安積西部七観音ともいわれ、湖南七浜の村々をはじめ、湖南地区に住する善女が巡拝した霊場とされる。中には会津三十三観音巡礼の後、必ずお参りしたという観音霊場も存在する。湖南七観音には、聖観音三体、馬頭観音二体、千手観音一体、准胝観音一体が祀られる。

一番札所

日本一観音堂（湖南町舟津）

二番札所

千手院観音堂（湖南町福良）

三番札所

小枝准胝観音堂（湖南町赤津）

四番札所

飯盛山観音堂（湖南町館）

五番札所

横沢馬頭観音堂（湖南町横沢）

六番札所

赤津観音堂（湖南町赤津）

七番札所

新田馬頭観音堂（湖南町福良）

番	観音堂	所在地	御詠歌
第1番	日本一観音堂	郡山市湖南町舟津字日本一四五一八（湖雲山洞泉寺）	西方は 弥陀より浮ぶ 舟つきの 参る衆生は 浄土なるらん
第2番	千手院観音堂	郡山市湖南町福良字寺前六一六四（無窮山伏竜寺）	山深く 大悲のひかり ありがたや 千手の智力 ふかきよき水
第3番	小枝准胝観音堂	郡山市湖南町赤津字諏訪道東	参るひと 小枝にあらば 導かん 無常の風は 時をきらわず
第4番	飯盛山観音堂	郡山市湖南町舘字前田三五六（飯盛山飯盛寺）	もろびとの 諸願をたての 飯盛寺 仏のちかい あらたなるらん
第5番	横沢馬頭観音	郡山市湖南町横沢字屋敷二四九四（高厳山来福寺）	いにしえの 工藤の家の 観世音 二世の霊験 たつる横沢
第6番	赤津観音堂	郡山市湖南町赤津字下山田四四八〇（遍照山蓮蔵寺）	ありがたや 法の蓮ちすの 蔵深く 仏のひかり 岩にかがやく
第7番	新田馬頭観音堂	郡山市湖南町福良字北ノ入	新たなる 馬頭の山の 観世音 朝日夕日が にわにかがやく

24 山郷七観音

山郷村は明治二十二年（一八八九）磐見村・上郷村・揚津村の三村の合併で誕生し、昭和三十年（一九五五）新郷村・千咲村・高寺村の四村で高郷村を構成した。多くの集落《むら》には神仏参りを目的とするいろいろな講中が見られるが、観音講もその一つで主に女性たちによって行われてきた。観音堂や宿（当番）に集合し、観音像の掛軸を前に無病息災や子どもの生長を祈願し、御詠歌を唱えてお参りをした。同時にお茶や漬物・甘酒等で歓談し、親睦を深める楽しみでもあった。会津三十三観音巡りの道中にも出かけた。山郷村内では、山郷七所観音が知られるが、各集落の観音講で唱える御詠歌も伝承されている。

一番札所

岩谷観音堂（高郷町上郷）

二番札所

利田観音堂（高郷町揚津）

三番札所

近年修復された赤岩観音堂（高郷町揚津）

四番札所

中山観音堂（高郷町揚津）

五番札所

大芦観音堂（高郷町揚津）

六番札所

小土山観音堂（高郷町磐見）

七番札所

吹屋観音堂（高郷町上郷）

番	観音堂	所在地	詠歌
第１番	岩屋観音堂	喜多方市高郷町上郷字家ノ西	世をすくう 誓ひにまかせ 岩屋山 心の願ひ かけやそめでし
第２番	利田観音堂	喜多方市高郷町揚津字滝下甲 （清水山円満寺）	限りなき なさけの心 とうとさん 老いも若きも たよらぬはなし
第３番	赤岩観音堂	喜多方市高郷町揚津字中村下 （赤岩山高山寺）	国たみは よろづよかけて 栄えんと 守りにかけて 授く子だから
第４番	中山観音堂	喜多方市高郷町揚津字屋敷廻乙	世々をへて つくりきたりし 罪とがを 洗い清むる 法の中山
第５番	大芦観音堂	喜多方市高郷町揚津字宅地廻丁	むつの道 まよう心の 闇路をば かの岸までも 照らす月なり
第６番	小土山観音堂	喜多方市高郷町磐見字屋敷廻乙 （小土山鏡福寺）	祈るべし ただ一筋の 真心に 仏の誓ひ むなしからねば
第７番	吹屋観音堂	喜多方市高郷町上郷字高平丁 （岩松山長円寺）	ありがたき ういなき道を いまここに めぐりおさむる みこそやすけれ

※旧山郷村の観音御詠歌

第8番	地割地区 地割観音堂	喜多方市高郷町磐見字下ノ坪甲	朝日さす 夕日輝く 岩屋山 村なかもりに 立ちし観世音
第9番	三方地区	喜多方市高郷町磐見字下三方甲	はるばると 登りて拝む 観世音 栃窪沼に 浮かぶ水鳥
第10番	大谷地区	喜多方市高郷町上郷字前田甲 （大慈山海岸寺）	来てみれば 仏の法の 深きかな 大屋のさとの 海の岸寺
第11番	漆窪地区	喜多方市高郷町峯字漆窪乙 （塩峯山龍蔵寺）	日照山 雨にあうせの 漆窪 秋のみのりを いのる里人
第12番	峯利田地区 峯観音堂	喜多方市高郷町峯字利田甲	参りきて 暑さをしのぐ おぼ清水 結ぶ心は 涼しかるらん
第13番	西羽賀地区	喜多方市高郷町西羽賀字西羽賀 （修劫山徳蔵寺）	はるばると 登りて拝む 徳蔵寺 子安の里に 光り輝く

第 14 番	夏井地区	喜多方市高郷町夏井字夏井 （厳松山正洞院）	高寺を おりて夏井の 観世音 下は極楽 浄土なるらん
第 15 番	川井地区	喜多方市高郷町川井字下川井一四一〇 （松井山善徳寺）	あらとうと 川井の波に おさまりて 大悲の光 あらたなりけり
第 16 番	塩坪地区	喜多方市高郷町塩坪字塩坪一一四〇 （塩峯山龍蔵寺）	かかる世に 生れ逢ふ身の あなうやと おもわで頼め と声ひと声
第 17 番	池ノ原地区 池ノ原子安観音堂	喜多方市高郷町池ノ原字池ノ原	はるばると 登りて拝む 観世音 仏にちかい さずく子だから
第 18 番	東羽賀地区	喜多方市高郷町大田賀字東羽賀六二三一（浄国山報身寺）	参りきて 拝めばきよし みくになり 山もろともに 光り輝く
第 19 番	田中地区	喜多方市高郷町大田賀字田中二〇八 （高峯山松音寺）	万代の 前高寺の 観世音 子安清水で 諸人輝く
第 20 番	大原地区	喜多方市高郷町大田賀字大原二七九一 （大原山善福寺）	春は花 秋は紅葉と 色そえて 大悲の恵 深き大原

25 木曽組上郷下郷六観音

旧木曽組の山都町内には、江戸期から現在まで廃堂を含め十八の堂宇が確認される。内訳は、観音堂八宇、地蔵堂三宇、阿弥陀堂・不動堂各二宇、大日堂・薬師堂・釈迦堂各一宇である。これらの内、阿賀川北岸の一ノ戸川下流域を下郷、上流域を上郷と区分し、それぞれに六観音を設定している。山都南部の下郷六観音については、寺内（山都町小舟寺）の泉福寺に六観音の御詠歌を刻んだ版木が残されている。北部の上郷六観音については、講中の口承文書で知られているが、五番の背戸尻観音堂は、集落の全戸移転と共に移され、現在は熱塩加納町相田の地に祀られている。

上郷六観音（一番）

川隅観音堂（山都町木幡）

上郷六観音（二番）

満蔵寺観音堂（山都町相川）

上郷六観音（二番）

養命山満蔵寺の本堂（山都町相川）

上郷六観音（三番）

本木阿弥陀堂（山都町相川）

上郷六観音（四番）

賢谷観音堂（山都町朝倉）

上郷六観音（五番）

背戸尻観音堂（熱塩加納町相田）

上郷六観音（六番）

一ノ木観音堂（山都町一ノ木）

上郷六観音（六番）

堂を管理する月岡宅（一ノ戸川に架る橋爪橋より）

下郷六観音（一番）

泉福寺観音堂（山都町小舟寺）

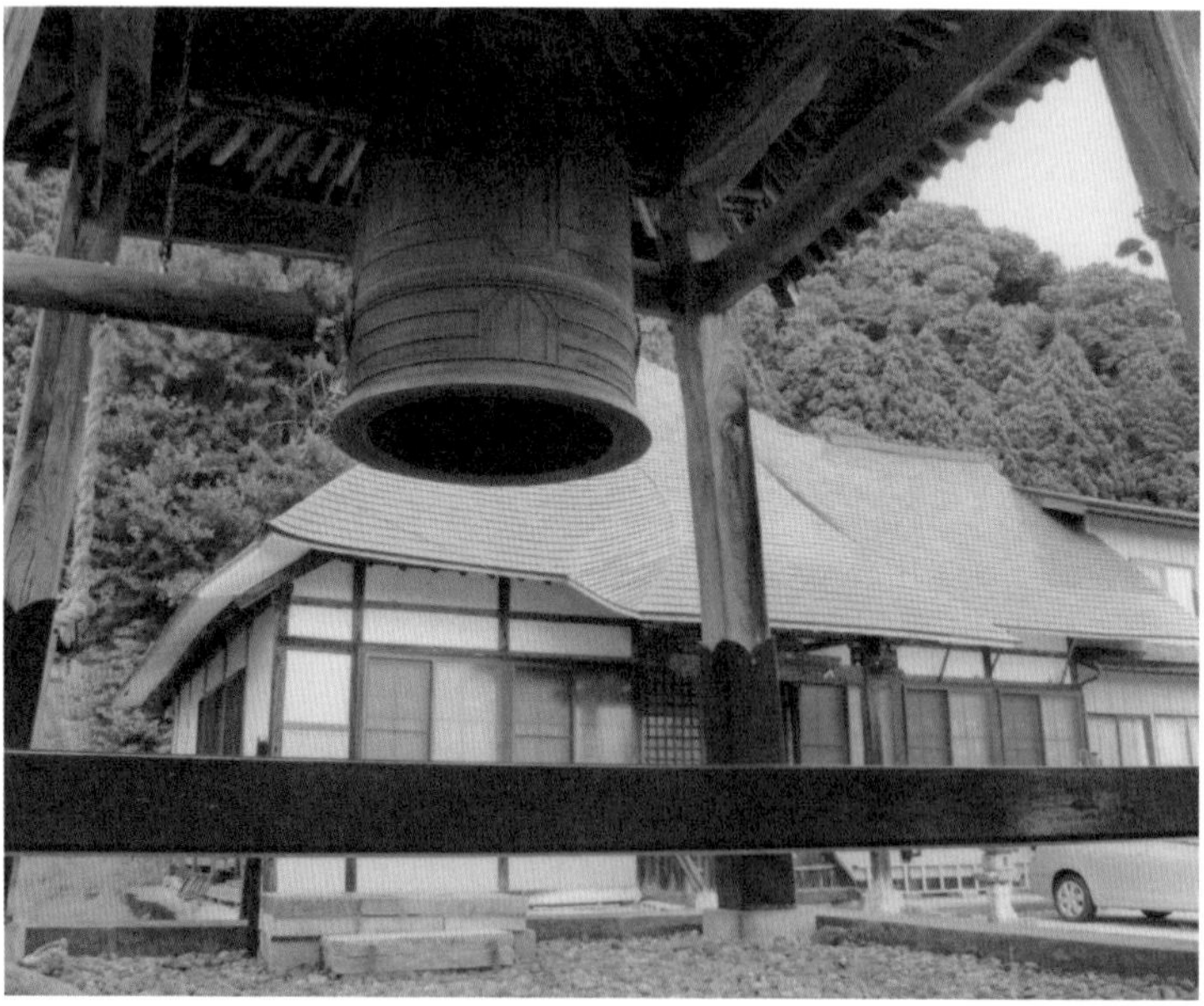

下郷六観音（一番）

由緒ある梵鐘と寿栄山泉福寺本堂

下郷六観音（二番）

下村観音堂（山都町木幡）

下郷六観音（三番）

森山家観音堂跡（角の空地）

久昌寺観音堂（山都町字舘ノ原）

下郷六観音（四番）

龍沢山久昌寺本堂（山都町字舘ノ原）

下郷六観音（四番）

下郷六観音（五番）

広野山東福寺全景（山都町字三ノ宮）

下郷六観音（六番）

正福寺観音堂（山都町小舟寺）

◉上郷六観音

番	地区	名称	所在地	歌
第１番	川隅	川隅観音堂	喜多方市山都町木幡仲村乙	二丁橋 渡るみのりの 川すみの 大慈のみかげ あらたなるらん
第２番	藤沢	満蔵寺観音堂	喜多方市山都町相川字権現平甲八九一（養命山満蔵寺）	はやとり井 陽明れに 輝きて 東長沢に 晴るうす雲
第３番	本木	本木阿弥陀堂	喜多方市山都町相川字道目乙	ただ頼め これぞ本木の 弥陀如来 東限りなく 誓ひますます
第４番	賢谷	賢谷観音堂	喜多方市山都町朝倉字三百刈乙	朝日かげ 夕日輝く すずが沢 急ぎ参りし 恵み強けれ
第５番	背戸尻	背戸尻観音堂	喜多方市熱塩加納町相田字大森乙一二四六	山深き 岩根の松の ひびきまで 大慈大悲の みのりなりけり
第６番	一ノ戸	一ノ木観音堂	喜多方市山都町一ノ木字中在家乙一六五三（月岡家）	大花山 いわを流れる みたらしの かかるすいずい みつくなるらん

◉下郷六観音

第1番	第2番	第3番	第4番	第5番	第6番
寺内 泉福寺観音堂	下村 下村観音堂	上林 森山家観音	舘原 久昌寺観音堂	広野 東福寺観音堂	舟岡 正福寺観音堂
喜多方市山都町小舟寺字頭無甲一〇一二（寿栄山泉福寺）	喜多方市山都町木幡字上ノ原丙	喜多方市山都町木幡字本村丁	喜多方市山都町字舘ノ原四六六〇（龍沢山久昌寺）	喜多方市山都町字三ノ宮二四八九（広野山東福寺）	喜多方市山都町小舟寺字舟山丙六一三（崇蛇山正福寺）
極楽へ 千手観音 道引きて 寺の内より 弥陀の浄土へ	いく度も 正観音へ 参りきて たすけ給へと 願ふ下むら	ちはやふる 上の林は 観世音 未来たすけの 馬頭観音	阿川より 十一面に かがやきて 龍沢山の たてのはらかな	広野山 如意輪堂の 鐘の夢 女人成仏 和泉そ聞由留	しゅんていの 救誓の舟の 岡寺に 慈悲観音へ 参る身なれば

26

岩井沢七観音

岩井沢（田村市都路町岩井沢）には、七観音八薬師があったと『都路村史』は記している。明治十二年（一八七九）の神社寺届の際は、岩井戸のものは、ほとんどが田村三十三観音や三春領百観音に名を連ねていたので、そのままにされ現在に至っているという。七観音中の第七番南作観音は廃堂であるが、天日鷲神社近くの丘上にあったと伝える。祀られる観音は、聖観音二体、十一面観音二体、馬頭観音二体、如意輪観音一体である。

一番札所

西戸観音堂（岩井沢字西戸）

二番札所

丸木観音堂（石井観音堂）（岩井沢字松葉）

三番札所

大槻観音堂（岩井沢字大槻）

四番札所

大岩観音（磨崖仏）（岩井沢字九郎鹿）

五番札所

遊上観音堂（言神・湯神観音堂）（岩井沢字言神）

六番札所

持藤田観音堂（集会所内に祭祀）（岩井沢字持藤田）

七番札所

南作観音堂（廃堂）前方林中の天日鷲神社付近

大岩観音を供養する長岩寺（岩井沢字中作 106）

第１番	第２番	第３番	第４番	第５番	第６番	第７番
西戸観音堂	**丸木観音堂**	**大槻観音堂**	**大岩観音**	**遊上観音堂**	**持藤田観音**	**南作観音堂**
田村市都路町岩井沢字西戸	田村市都路町岩井沢字松葉	田村市都路町岩井沢字大槻	田村市都路町岩井沢字九郎鹿 （別当 龍頭山長岩寺）	田村市都路町岩井沢字言神	田村市都路町岩井沢字持藤田	田村市都路町岩井沢字平蔵内 （天日鷲神社脇）
西戸より 花のうてなの 夕日影 これぞ拝まん 極楽の内	心から 丸木御影を 祈りなば などか憂き身も 沈み果つべき	後の世の 闇路を照らす 大槻や 仏の光 新たにぞ見ん	浮びなん 身の喜びや 岩井沢 救わせ給ふ 御誓ひにてぞ	後のなお 絶えず願ひと 遊上の 告げも仏の 教えなるらん	有難や 深き誓ひは 持藤田 五十念力 岩井沢水	一筋に 頼む南の 観世音 迷う心に 辿る闇路を

II

一ヶ所に祀られる三十三観音

27

護法山三十三観音

所在地　喜多方市熱塩加納町熱塩字熱塩護法山（愛宕山）

護法山（愛宕山）は、源翁禅師開山の名刹示現寺の背後に位置する山で、標高四四四ｍ、山頂には愛宕神社が鎮座する。三十三観音は、示現寺開山堂の北裾を起点として登りの参道沿いに等間隔に設置されている。参道は、岩場や細い急斜面もあるが、三十三番を過ぎると頂上となり、愛宕権現をもって納めとなる。東日本大震災の影響で、倒置したり一部欠損の石像も見られる。この石仏群は、五峯山（愛宕山・湯館山・高井田山・高松山・間瀬館山）の一つである間瀬館山（五一八ｍ）に祭祀されていたものを後年移設したものと伝わるが詳しくは不明である。

護法山（愛宕山）全景

開山堂脇の参道入口

参道脇の観音像

28

赤崎三十三観音

所在地　喜多方市上三宮町～熱塩加納町（旧熱塩街道）

赤崎三十三観音は、江戸時代に上三宮村（上三宮町上三宮）から金屋村（熱塩加納町山田）までの赤崎林を通る旧熱塩街道（日中街道）沿約四㎞にわたって設像された。造立者は、赤崎長者といわれた瓜生藤太出雲直喜で、我が子の四国参詣の願い成就のため、四国より石材を求め刻像したといわれる。赤崎林は、昭和二十二年（一九四七）より進められた開拓開墾事業により姿を変え、三十三観音も多くは動いた。観音像は、上三宮の一～四番や熱塩小学校前の三十三番まで二十八体が確認され、松原の婦人ホーム（元松山開墾集会所）前には、各地から集約された十三体の像が祭祀されている。

旧熱塩街道
左の杉木立の中に一番観音がある

一番観音の石像

婦人ホーム前に集められた石仏群

29

願成寺三十三観音

所在地　喜多方市上三宮町上三宮字籬山八三三(願成寺)

願成寺は、喜多方市街地の北西部、押切川と窪濁川に挟まれた旧熱塩街道沿にある。嘉禄三年（一二二七）実成上人が師隆寛律師の遺志を継いで開山。変遷の後、寛文五年（一六六五）二十七世行譽が、山号を叶山と改めて現在地に中興開山した。願成寺三十三観音は、元禄十一年（一六九八）山門竣工に際し、洛陽大仏師法橋光雲の手により刻像され、楼上に安置されたと伝わる。現在は、山門から本堂に移され祭祀されている。

創建時、三十三観音を安置した山門

本堂に祀られる観音像

三十三観音を祭祀する本堂

30

吹屋三十三観音

所在地　喜多方市高郷町上郷字高平丁一一二（吹屋観音堂）

吹屋観音堂は、只見川と阿賀川（大川）の合流点下流に設けられた県営荻野漕艇場の西岸に位置し、ＪＲ荻野駅の五〇〇ｍ北、雷神スキー場近くのなだらかな丘の上に建っている。三十三観音は、観音堂内に安置し祭祀されている。観音像は、元禄五年（一六九二）長園寺二世玉山師代に、越後の仏師矢部七郎平による彫像で、桂の寄木造りで漆地の上に金泥が施されている。観音堂は、明治期に廃寺となった岩松山長園寺跡にあり、旧六月十七日堂内で吹屋七戸の女性による観音講「観音さまのお籠り」が行われてきた。

吹屋観音堂の全景

祭壇に安置される三十三観音

観音立像（右側 18 体）

31

厩嶽山三十三観音

所在地　磐梯町更科字清水平（厩嶽山）

厩嶽山（一二六一m）は、磐梯山の西五km、猫魔ヶ岳と古城ヶ峰の間にあり、雄国沼カルデラ火口壁の一峰で、磐梯町の最北部に位置する。厩嶽山三十三観音は、源橋登山口より、山頂直下八合目の観音堂までの登山参道沿に座している。ゴールドライン脇の酒造会社手前、林道北堰赤枝線を四〇〇m進んだ所が登山口で、更に約二km登ると御宝前の石塔と、明治六年（一八七三）寄進の一番観音像が立っている。八合目まで登りつめると、三十三番の如意輪観音と馬頭観音堂・行基清水が待っている。山麓の史跡慧日寺跡の資料館脇には、一段高い所に、厩嶽山馬頭観音覆堂があり、堂内には山上の観音堂から移された厨子が安置されている。

山上の馬頭観音堂

山麓の参道登山口

参道沿の一番観音像

慧日寺跡に建つ厩嶽山馬頭観音覆堂

32

羽黒山三十三観音

所在地　会津若松市東山町湯本字積り八六（湯上神社）

羽黒山（六四六ｍ）は、東山温泉街の北に座す信仰の山で、山頂に湯上神社が鎮座する。この神域には東光寺があったが、明治期の神仏分離令により廃寺となり湯上神社と改められた。東光寺は、天平年間（七二九－四九）行基菩薩が三社権現を勧請し、この峰を羽黒山と称し、東光寺を開山したと伝える。羽黒山三十三観音は、麓の大鳥居から一二二五段の石段を登りつめた湯上神社境内までの参道沿いに、一定間隔をおいて安置されている。観音像は、大鳥居の裾に一番観音が祀られ、社殿境内に三十三番観音が座している。それぞれの札番の場所には、旧石像と新石像が並んで祀られている。

麓の参道口に立つ大鳥居

大鳥居の足元に安置する新旧の一番観音像

山上の湯上神社社殿、右手前は、三十三番納めの観音像

33

円通三匝堂三十三観音

所在地　会津若松市一箕町八幡字弁天下一四〇四（栄螺堂）

旧正宗寺の円通三匝堂は、外観からさざえ堂とも呼ばれ、飯盛山（三七二m）の麓に、寛政八年（一七九六）に造られた六角三層の観音堂塔である。実相寺住職の郁堂師が考案し、山岸喜右衛門道重棟梁の手によるもので、内部は二重螺旋のスロープになっており、上りと下りが別の通路になっている。三匝堂三十三観音は、木造仏で堂内のスロープに沿って安置され、廻廊を昇降することで西国三十三観音を参詣できる構成になっていた。しかし、明治期の神仏分離令により、正宗寺は廃寺となり、三十三観音像は取り外され、代わって皇朝二十四孝の絵額が掲げられた。

円通三匝堂の案内標示

円通三匝堂の全景

堂内最上部の様子

34

善龍寺三十三観音

所在地　会津若松市北青木一三－三三（善龍寺）

善龍寺は、会津若松市街地の東方、小田山（三七一・七ｍ）の西麓に位置する。寛永二十年（一六四三）藩主保科正之に随行の泉海が花畑に祥雲山善龍寺を開山し、寛文七年（一六六七）現在地に移転した。善龍寺三十三観音は、寛政九年（一七九七）建立の唐様式山門の楼上に安置されている。山門は、木造の彫刻豊かな二層の入母屋造の建物で、一階部分に白い漆喰が施され、「龍宮門」とも称される。戊辰の戦いでは、全ての伽藍が灰燼に帰す中、この山門と本尊だけは災難を免れた。

龍宮城と評される山門（正面）
楼上に観音を祭祀する

山門楼上の三十三観音堂内右側の立像

善龍寺本堂の全景

35 泰雲寺三十三観音

所在地　会津若松市門田町面川字舘堀六四（泰雲寺）

泰雲寺は、国道一一八号（会津西街道）を南下し面川に架る沢川橋を渡るとすぐ大戸町に入るが、その直前左の山裾に建っている。国道から三〇〇m進むと、門前のイチョウとセンダンの巨木が迎えてくれる。泰雲寺は、寺伝によると、蒲生氏郷の時代に安房（千葉県）から来た雲嶺本龍師が、元和七年（一六二一）に建立したと伝わる。泰雲寺三十三観音は、本堂の北側に白龍地蔵尊を囲んで安置され、眼下に広がる田園を見守っている。この三十三観音は、当寺三十五世道学師の平成四年（一九九二）に、会津美里町本郷の鵜川氏の発願により建立された。

泰雲寺本堂の全景

白龍地蔵尊を囲んで立つ観音群

参道から見上げる泰雲寺境内

36 正雲寺（東山）三十三観音

所在地　会津若松市東山町湯川字角仏沢丙六四三（正雲寺）

正雲寺は、県道三二五号（湯川大町線）の東山温泉街や東山ダム湖の脇を抜け、湯川の流れに沿って上流へ、約十㎞進んだ山中に位置する。正雲寺は護法山と号する単位本山の寺院で、天文二十一年（一五五二）室町時代の全佐上人の開山・創建とされる。当地へは、昭和六十年（一九八五）新潟より移転した。仏殿（本殿）のみは、前地より移送して設置し、他の建造物は現地にて設立した。三十三観音は石造で、山門下に一番観音を配し、広い境内を一巡する様式になっている。本堂（仏殿）前には、二十二番の葉衣観音が安置している。

山中に鎮座する正雲寺の全景

正雲寺（東山）三十三観音の一番観音像

仏殿前の山門と二十二番葉衣観音

37

芦ノ牧三十三観音

所在地　会津若松市大戸町芦牧七九六（芦ノ牧ホテル地内）

芦ノ牧三十三観音の霊場は、芦ノ牧温泉芦ノ牧ホテル前のホテル所有地の小高い丘の上にある。芦ノ牧ホテルは、国道一二一号を南下して阿賀川に架る芦ノ牧橋を渡ると前方に芦ノ牧トンネルが見えるが、直前の信号を左折し五十m進んだ所にある。三十三観音の石像は、駐車場脇のやすらぎの杜公園に安置されている。石段を上り、奥の三尊堂までの参道の両側に並び立っている。この三十三観音は、昭和六十二年（一九八七）室井社長が芦ノ牧温泉の繁栄を祈願すると共に、自身の金婚とホテル創業三十五年を記念して建立した。

三尊堂と参道に並び立つ観音像

三十三観音を安置するやすらぎの杜公園入口

参道に立つ二十二番高倉観音像

38 大徳寺三十三観音

所有地　会津坂下町牛川字寺西四二〇二（大徳寺）

大徳寺は、会津坂下町の南部、牛沢地内の県道三六五号（赤留塔寺線）から東四〇〇ｍの集落の中に所在する。大徳寺は、天正九年（一五八一）高岩師が牛沢山と号して開山し、後に宗売が再興して現在に至ると伝える。参道には田沢川が流れ、本堂正面には『新編会津風土記』に見える伝承の「無明橋」が架る。大徳寺三十三観音は、本堂左側面に祭祀され、立像二十四休・座像九体からなり全て木造で、背銘の古いものは、享保十九年（一七三四）六月とある。これらの観音像は、地元佐原家の観音堂に安置されていたが、明治二十三年（一八九〇）取壊しのため菩提寺の大徳寺に移転された。

無明橋から見る山門と本堂

本堂の左側面に並ぶ三十三観音

大徳寺の本堂全景

39

久保田三十三観音

所在地　柳津町久保田字椚甲（観音山）

久保田地区は、柳津町の南北のほぼ中央で三島町と会津美里町に挟まれた山間部に位置する。只見川沿に国道二五二号（沼田街道）を南下し、西山入口地点から滝谷川沿の県道三十二号（柳津昭和線）に入り、更に湯八木沢地点から県道五十九号（会津若松三島線）へ左折し、約四㎞で久保田の集落となる。集落内の三十三観音入口の案内板から六〇〇m程で観音山（五〇一m）の霊場に到着となる。久保田三十三観音は山の中腹に、一周三〇〇mにわたって三十三体の石像が安置され、「まわり観音」とも呼ばれる。石像は、二㎞ほど離れた中村産の安山岩に、舟型光背をもつ半肉彫りで刻像された。七番の如意輪観音は、左手に十字架をもつことから「マリア観音」と呼ばれる。造立の年代は、結びの聖観音の像台に文政元年（一八一八）の銘があることから、この頃と考えられている。

まわり観音の第一番　如意輪観音

観音山の参道入口

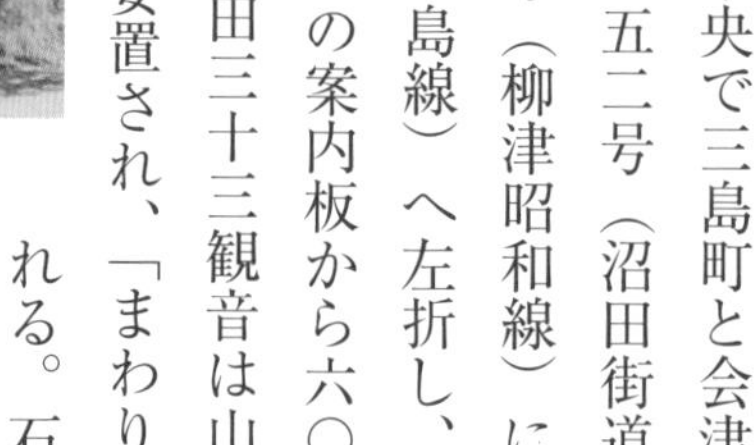

七番観音の十字架を手にするマリア観音

40

滝谷（上ノ山）三十三観音

所在地　三島町滝谷字上ノ山地内

滝谷は、三島町の北東部にあり、北南東の三方を柳津町に囲まれた位置にある。滝谷へは、国道二五二号（沼田街道）の桧原地内から県道三六六号（滝谷桧原線）を進むこと約一・四㎞のスノーシェッドを左折し、滝谷川に架る滝谷橋を渡ると滝谷集落となる。集落内を三〇〇m進み滝谷消防屯所を右折して民家の軒下を通過すると諏訪神社があり上ノ山への登り口となる。滝谷（上ノ山）三十三観音は、集落の南東にある上ノ山（三四〇m）の山頂に祀られている。

観音を祀る上ノ山の参道入口

後年造立の如意輪観音と三十三観音像

造立は、文化年間（一八〇四－一八）郷頭山内氏の妻女の発願で地元中村産の安山岩を用い参道沿に安置したと伝わる。後年、頂上の平地に集約されたと伝わるが中央の如意輪観音像には、天保十一年（一八四〇）再建・女講中の記銘が見られる。

山上に集約された三十三観音像

41

西隆寺乙女三十三観音

所在地　三島町西方字巣郷四六八四（西隆寺）

西隆寺は、三島町の最北部、西会津町との境界近く、国道四〇〇号（旧西方街道）の西方集落の中にある。西隆寺は、山号を宝澤山と称し、明応元年（一四九二）一気正元禅師が開山し、文化十三年（一八一六）、現在地に再建され今の姿に至る。乙女三十三観音は西隆寺境内の広い範囲に安置されており、一体一体に哀切・母心・微笑・蜻蛉・胡蝶といった御名と讃が付されている。これらの観音像は、当寺二十二世太禅師が、白河在住の当時二十二才と二十才の石工姉妹に彫像を依頼し、昭和五十二年（一九七七）秋彼岸に開眼供養が行われた。

西隆寺と境内に祀られる乙女観音

乙女観音　第四番一路観音

乙女観音　落陽かんのん（中央）碧玉かんのん（左）合掌かんのん（右）

42

岩倉山三十三観音

所在地　三島町西方字巣郷地内（岩倉山）

岩倉山（五四四m）は、三島町北部の西方地区にあり、西隆寺の背後に連なる山で、山上に鬼子母神堂が建っている。岩倉山三十三観音は、この鬼子母神堂前の小平地に祭祀されている。参道は麓の西隆寺本堂の裏が登り口で、細い参道が林の中に続く。細く曲折する急斜面や所々に露出する岩石の道を約二㎞進むと鬼子母神堂に到着する。三十三観音の石仏は、参道をはさんで右側に一～十八番まで、左側に大観音像と十九～三十三番までが群立している。石像の造立年代は、鬼子母神堂の創立と同時期で、村人の寄進によって造置されたとされる。ちなみに、鬼子母神堂は、明治元年（一八六八）郷頭青木源九郎光国の発願造立と伝わる。

鬼子母神堂と参道沿の三十三観音

鬼子母神堂前の観音像群（右側）

岩倉山の山容

43

徳昌寺三十三観音

所在地　南会津町田島字寺前甲二九七〇（徳昌寺）

徳昌寺は、田島町内の南東部に位置する。国道一二一号（会津西街道）を南下し、阿賀川に架る田島橋の前方約二㎞で町内へ入りT字路となる。突き当たりを右へ一〇〇m進んだ大門橋の信号を左折して直進すること五〇〇mで徳昌寺の山門となる。徳昌寺は山号を興国山と称し、創建より代々鴨山城主長沼氏の菩提寺であった。徳昌寺三十三観音の石像は、本堂の軒下に二十五体（入口左側に十一体・右側に十四体）と庫裡南の墓地参道脇に六体が安置されている。徳昌寺は、裏山に続く境内が遠州流の大庭園になっており、「南山の山寺」と親しまれている。明治三十五年（一九〇二）二十五世良全師の代から築園整備を重ね、名庭園が形成された。

徳昌寺本堂と軒下の三十三観音像

本堂前に並ぶ三十三観音（右側）

徳昌寺の山門と庭園

44 永田鷲山三十三観音

所在地　南会津町永田字鷲山地内（鷲神社）

永田鷲山三十三観音は、国道二八九号が田島町の西方で国道一二一号と分岐し、阿賀川に架る永田橋を渡り終えた地点で左折し、約五〇〇m進んだ永田の集落にある。集落の西方の山が鷲山で山腹には鷲神社が鎮座し、三十三観音の石仏は神社参道の南側の山腹を縫うように祀られている。観音像は、文化三年（一八〇六）、地元の素封家、二十九代渡部又左衛門英信が発願し、西国三十三所観音霊場の砂を持ち帰り、鷲山に埋めながら刻像を始めた。三十代又左衛門又三郎、三十一代又左衛門周蔵も継承し、明治十一年（一八七八）発願から七十二年をかけ竣工開眼したものである。地域住民の保存の熱意が強く、参道や仏像の管理がよくなされている。

鷲山麓の神社参道と鳥居

山中に立つ第二十八番観音の聖観音像

三十三観音結びの観音像

45

大橋三十三観音

所在地　南会津町大橋字船場地内（清水堂）

大橋三十三観音は、南会津町大橋の清水堂に祭祀されている。清水堂は、国道四〇一号と二八九号が分かれる山口の三方口を七〇〇m南進し右折、伊南川に架る南郷橋を渡った地点に建つ。大橋三十三観音は、元禄十年（一六九七）三月、京都より届いた木彫立像で、各々厨子に納められて本尊の千手観音像を中心にして左右に安置されている。清水堂は、三十三観音像が大橋に納められた元禄十年（一六九七）三月十五日に完成し、同年四月十七日に入仏開眼した観音像が安置されて現在に至っている。現在の堂宇は享保三年（一七一八）の建立で、欅が使用され風雪に耐えてきた。

大橋三十三観音を祀る清水堂

堂内の三十三観音（右側）

中央に座す本尊の千手観音像

46

阿津賀志山三十三観音

所在地　国見町大木戸字阿津加志山

阿津賀志山（厚樫山）は、町の北東部にある標高二八九mの「タンガラ山」や「三角山」とも愛称されるシンボルの山である。石仏群は、山の中腹から山頂にかけて「阿津賀志山三十三観音・八十八大師画像碑群」として、町の文化財になっている。嘉永五年（一八五二）、梁川町の行者仏源が西国や四国の礼地を巡拝後、山の中腹に大師堂を建立した際、協賛者への報恩として石仏を建立した。石仏の設置数や位置は、東北本線や東北自動車道の建設工事に伴う移動や損喪により不詳であるが、現在一二〇数基が確認されており、町指定の史跡ともなっている。

山中に祀られる観音像

阿津賀志山山頂の石像

阿津賀志山の山容

47

鬼石三十三観音

所在地　伊達市梁川町八幡字堂庭一二（龍宝寺）

鬼石三十三観音は、伊達市北部、阿武隈川に架る梁川橋近くの「梁川八幡・龍宝寺の森」の中、龍宝寺観音堂に安置されている。この三十三観音は、享保三年（一七一八）京都の仏師の手によると伝えられる漆箔金色の木像で、市指定の文化財になっている。観音堂は、明治の廃仏令までは亀岡寺が管理し、以後は龍宝寺が担っている。信達三十三観音の結願寺でもある。

三十三観音を安置する観音堂

堂内の観音像（右側）

堂内の中央部

48

布川下神山三十三観音

所在地　伊達市月舘町布川字三淀ヶ入地内

布川下神山三十三観音は、伊達市南部の国道三九九号と三四九号が分岐する地点から布川沿いに東進して約一・八kmの地点にある。布川を挟んだ対岸に磨崖仏が彫られた花崗岩の岩肌と布川不動堂が鎮座する。磨崖仏は、半肉彫りの三十三観音と一体の供養像からなり、岩壁全体に三段に併刻されている。壁面の「享保八癸卯年」（一七二三）が刻像年とされるが、作者は不明である。市の有形文化財に指定されている。

布川不動堂と参道境内の木立

岩壁に刻まれた三十三観音像

磨崖仏の彫られた岩とその前の石塔群

49

小糠塚三十三観音

所在地　伊達市月舘町月舘字宮前（高山院）

小糠塚は、高山院のある大糠塚に対して通称とされる地名で高山院から北へ約一五〇m畔道を進んだ所の高さ約十mの独立円丘である。古くは高山院の修験の場所であったという。丘上の檜林の中に三十三観音の石像が祀られている。天台宗糖塚山高山院は、国道三四九号から県道二六九号（月舘川俣線）を約三〇〇m進んだ地点にあり、応仁二年（一四六八）室町中期法山法印の開基創立、慶長二年（一五九七）永山法印が中興、明治五年（一八七二）羽黒派から山門派に帰入。丘頂の「嘉永六年西国三十三観音」と刻んだ石柱の周囲に祀られる観音像のほどんとに明治始めの廃仏の風潮による危害の跡が見られるのは心が痛まれる。上り口には薬用となるキササゲの幼木が見られる。

小糠塚の全景

丘上に祀られる三十三観音

高山院の全景

キササゲの実

50

峯能三十三観音

祭祀地　川俣町字寺久保（川俣中央公園）

峯能三十三観音は、川俣町の市街地のほぼ中央、国道一一四号と三四九号の間にある丘陵地（約二六〇ｍ）の川俣中央公園に祀られる。中央公園の頂上には、小手郷三十三観音第一番札所の峯能観音堂が建ち、三十三観音の石像は観音堂をとり囲むように立っている。往古仁徳天皇より派遣された泰野峯能と一人娘の小手姫はこの地に住み、養蚕と絹織物の技術を広めたとされる。中央公園の一角には小手姫の像が建立され、川俣の街並みを見守っている。

樹林の中の三十三観音

彼岸花と観音石像

峯能観音堂の全景

51

岩谷三十三観音

所在地　福島市岩谷地内（岩谷観音）

岩谷三十三観音は、福島市街地北郊にある信夫山（二七五ｍ）東麓に位置する。信夫山の南面の中腹に建つ岩屋観音堂境内の岩壁に密刻された百体を越す大小さまざまな仏像・供養碑の中に刻まれている。早い時期に三十三観音像が半肉彫りに造刻され、その間隙にそれぞれの石仏を追刻したものとされている。多くの刻像は、江戸中期の元禄～宝永頃（一六八八～一七一〇）からと見られるが、これらの石像群は「岩谷磨崖仏群」として、市の史跡及び文化財になっている。

岩谷観音堂と境内の岩壁

岩山一面に彫られた石仏群

鐘楼から見る信夫山東麓の石像群の壁

52

大蔵寺三十三観音

祭祀地　福島市小倉寺字拾石七（大蔵寺）

大蔵寺は、福島市の南部郊外、阿武隈川東岸の経塚山（二四二m）南麓の山腹にある。古くは阿武隈川西の大蔵寺村にあり、後に現在地に遷され、寛永元年（一六二四）臨済宗妙心寺派となった。三十三観音の石仏群は、観音堂北の奥の院の周囲に祀られている。奥之院は、寛政七年（一七九五）に再建され、重要美術品の認定を受けた平安期の仏像七体を安置している。弁天山から峯伝いに通じる道は「信夫の細道」と呼ばれる。大蔵寺は、信達三十三観音第一番で祈願寺である。

奥之院周囲の三十三観音像

奥之院のたたずまいと三十三観音（右手前）

大蔵寺の本堂

53

文知摺三十三観音

祭祀地　福島市山口字文知摺七〇（安洞院）

文知摺観音は、約八〇〇m北にある曹洞宗安洞院が開山頭初から別当職を務めている。文知摺観音は、貞観年間（八五九－七七）の河原源融と虎女の悲恋歌「みちのくの しのぶもちずり 誰故に乱れそめにし 我ならなくに」が小倉百人一首に選ばれて以来、広く知られるようになった。三十三観音像は、安政四年（一八五七）十一世恵淋が経蔵を建立し、仏師法橋守行の手になる三十三体の観音像をその中に祀り三十三観音堂としたものである。この三十三観音堂（経蔵）は信達三十三観音第二番札所である文知摺観音堂の脇を通り、石段を上った先の子規の句碑近くに建っている。

三十三観音堂（経蔵）に祀られる観音

三十三観音堂（経蔵）の拝観口

文知摺観音堂全景

54

好国寺三十三観音

祭祀地　福島市山田字寺ノ前九（好国寺）

好国寺は、福島市街地の南郊外、国道一一五号や東北道福島西ＩＣの南約二㎞の丘陵地に位置し、専門座禅道場を持つ曹洞宗の寺院である。本堂に向かう左手前の丘上に「星消し地蔵堂」があり、その周囲に三十三観音の石仏像が展開している。石仏は、明治初期の建立で高さ約一ｍ、台座には寄進者の名が各々刻まれている。好国寺は、信夫新西国三十三観音第二六番札所でもある。

丘上の地蔵堂と三十三観音堂石仏像

丘上に祀られる三十三観音の石像

紅葉に映える好国寺の本堂

55

東源寺三十三観音

祭祀地　福島市上名倉字下寺一八（東源寺）

東源寺は、福島市街地の西方、国道一一五号（土湯街道）と併行する旧道沿いにある曹洞宗の寺である。慶長三年（一五九八）上杉家家臣の尾崎重誉が亡父の供養として雪翁雲積を開山として開創した。三十三観音石像は、境内地内の金毘羅大権現を祀っている大きな土蔵の堂宇の周囲に並んで祀られている。東源寺は、信達三十三観音第七番札所でもある。

土蔵周りの三十三観音石像

金毘羅大権現を中に祀る土蔵

東源寺の本堂

56

叺内《かますうち》三十三観音

所在地　福島市荒井字叺内地内

叺内三十三観音は、国道一一五号（土湯街道）上名倉地内土手下の信号から南へ四〇〇m進んだ地点の阿弥陀堂の周囲に立っている。目印は、阿弥陀堂のすぐ東に聳える市の天然記念物の大カヤの木で、樹高が二十二mあり遠くからも目立っている。三十三観音の石像は、阿弥陀堂の東側に十一体、南側に二十一体並んで鎮座し、他にも供養碑や仏像が三十基ほど集められている。三十三観音は、大坂城落城の後この地に住んだ阿部家の二代目が先祖代々の慰霊のため、西国三十三ヶ寺の砂を自宅近くに埋めて観音仏を祀ったと伝わる。

阿弥陀堂を囲む石仏石塔群

阿弥陀堂南側に並ぶ三十三観音

阿弥陀堂東側に祀られる三十三観音たち

57

宿縁寺三十三観音

所在地　福島市大笹生字下ノ寺一七（安楽寺）

宿縁寺三十三観音は、福島市の西北部、東北中央道大笹生IC の西方約六〇〇mにある。宿縁寺は、兄に追われた源義経が奥州平泉に再下向の折、佐藤兄弟の館で霊夢を受け如意輪観音像を安置して開基したと伝わる。台山山中の菩薩山宿縁寺は二度の火災で消失し、観音堂のみ残った。寺の脇からは「御手洗《みたら》水《し》」と呼ばれる霊水が湧出し、参道沿いに流れを見せている。三十三観音は大遠忌にのみ公開されるが、本尊の如意輪観音像は別当曹洞宗岩松山安楽寺の本堂に安置されている。安楽寺は天長七年（八三〇）開山とされる古刹で、本堂前には市指定天然記念物の大王松が枝を伸ばしている。

宿縁寺観音堂

三十三観音・本尊の如意輪観世音像

安楽寺の山門と境内に高く伸びる大王松

58

安達ヶ原三十三観音

所在地　二本松市安達ヶ原四丁目一二六（観世寺）

安達ヶ原三十三観音は、二本松市内の国道四号安達ヶ原入口交差点から、阿武隈川に架る安達ヶ橋を渡り切った左側の観世寺境内にある。山門を入った境内の観音堂脇には、周囲約三十m・高さ七mの鬼婆が住んでいたと伝わる黒塚の岩屋がある。その花崗岩の巨石の上に巨石が覆いかぶさり岩屋となっている。その岩面に西国三十三観音を模して観音像が浅い線刻や薄肉彫りで刻像されている。黒塚の岩屋は、「おくのほそ道」の景勝地として国指定文化財になっている。

観世寺と巨石の岩屋（左手前）

巨岩で形づくられる岩屋

巨岩に刻まれた磨崖仏群

59

油井三十三観音

所在地　二本松市油井字桑原舘山九九（長谷観音）

油井三十三観音は、東北本線安達駅の西方四〇〇ｍの小高い里山の頂上に鎮座する長谷観音堂域内にある。観音堂へは、福岡集落地内の県道一二九号（二本松安達線）脇に立つ大きな石灯籠が参道入口の目印となる。参道は、油井川に架る観音橋を渡り、一九〇段の石段を上りつめると境内となる。三十三観音の石仏は、観音堂の南に十八体、北に十五体並んでいる。その他石仏や石塔が二十基ほど立っている。宝暦年間（一七五一―一七六四）に建立された観音堂は、鎌倉の長谷・大和の長谷と並んで、日本三観音の一つに数えられ、安達三十三観音の第十六番札所でもある。

木々に囲まれる長谷観音堂

観音堂の北側に祀られる三十三観音

観音堂の南側に並び立つ三十三観音

60

木幡山三十三観音

所在地　二本松市木幡字治家四九（隠津島神社）

木幡山は、二本松市の北東にある標高六六六mの山で、古くから信仰の山とされる。駐車場から一八〇段の石段を上ると門神社（旧本殿）があり、脇には国指定天然記念物の大杉が立ち、山頂には通称「木幡の弁天さま」と呼ばれる隠津島神社が三重塔と共に鎮座する。木幡山三十三観音は、山中の数々の神社の神域の斜面に広く点在する花崗岩の露頭面に線刻されている。『木幡山志』によると、「外木幡村の斉藤紋右衛門が独力で彫顕し、元文五年（一七四〇）七月開眼供養した」と伝わる。木幡山は、全山が県の名勝及び天然記念物に指定されている。

三重塔から見る隠津島神社社殿

拝殿奥の第五番聖観音の刻像

山中の巨石に刻まれた観音像

61

七石山三十三観音

所在地　二本松市上川崎字水梨地内（七石山公園）

七石山三十三観音は、安達広域農道で阿武隈川に架る智恵子大橋の北、一㎞地点の十字路を東へ二〇〇m進んだ水梨地区にある。道路を挟んで八幡神社と対峙する七石山（愛宕山）の山腹には花崗岩の露頭が至る所に散在し、これらの石面に三十三観音の仏像が線刻・薄肉彫りで刻まれている。七石山は、山頂に愛宕神社を祀ることから愛宕山とも呼ばれる。この山には庚申塔・碑が数多く見られる。観音像は刻銘により嘉永四年（一八五一）の造立とされるが、庚申供養塔の紀年銘は享保十七年（一七三二）で百年以上早いことになる。庚申碑が先に刻まれ、観音像は後から空間を見つけて刻像されたという。

観音像が安置する七石山（愛宕山）の全景

観音像が刻まれた露頭

花崗岩の表面に線刻された観音像

62

岩蔵寺三十三観音

所在地　二本松市太田字岩前八五（岩蔵寺）

岩蔵寺三十三観音は、二本松市の北東部、阿武隈峡の島山・稚児舞台等の名勝を見下ろす阿武隈川東岸の岩蔵寺薬師堂周囲に祀られる。岩蔵寺は、県道四十号（飯野三春石川線）の荻ノ田から若宮川に沿って約一・四km北上し、岩後の集落から西へ三〇〇ｍの地点にある。薬師堂は、更に一五〇ｍ下った山腹に立っている。磨崖仏の三十三観音は、堂の東側を一番札所として次第に山中の斜面を上ることになる。堂の西北部の傾斜面や山頂近くに露出している花崗岩の表面に線刻されている。刻像は、万延元年（一八六〇）とされる。薬師堂を降りた阿武隈川畔には、東北自然歩道（奥の細道）が整備されている。

山腹に建つ岩蔵寺薬師堂

薬師堂前の第二番観音の磨崖仏と
岩窟内の磨崖薬師

薬師堂裏の急斜面の岩に刻まれた三十三観音

63

石雲寺三十三観音

所在地　本宮市本宮字坊屋敷地内（石雲寺公園墓地）

石雲寺は、JR本宮駅の北一・二km、県道三五五号（須賀川二本松線、奥州街道）から百日川に架る照心橋を渡って左五十mの地点にある。石雲寺は、明応七年（一四九八）開山し、旧大玉村大畑から現在地へ移転した。石雲寺三十三観音は、安政六年（一八五九）十月、当寺二十五世心華古芳師の発願により刻像された。昭和五十三年（一九七八）石雲寺の北側に公園墓地が造成されたのを機に、散逸していた石仏を集約し、石雲寺三十三観音として現在地に祭祀した。

石雲寺公園墓地最上部の祭祀場

公園墓地に立つ三十三観音石像

公園墓地に祀られる三十三観音

64

観音寺三十三観音

所在地　本宮市糠沢字高松二七（高松山観音寺）

観音寺は、本宮市の東部、霊山高松山（三一八ｍ）の麓、市道仁井田白岩線沿にあり、阿武隈川に架る平成大橋から東へ約一㎞に位置する。観音寺三十三観音は、西国三十三ヶ寺の砂を、踏石として納めて碑石を建て、各々に札所名と本尊を刻字している。平成十年（一九九八）当寺三十五世義謙師の代に、地元高木の篤志家が奉納したもの。高松院観音寺は、安達三十三観音の三十一番札所になっている。

観音寺の本堂全景

本堂脇に設けられた三十三観音巡拝場

三十三観音の仏像群

65

岩角山三十三観音

所在地　本宮市和田字東屋口八四（岩角寺）

岩角山は、本宮市の北東部にある標高三三七ｍの山で、平安時代末期から信仰の山とされてきた。三十三観音は、仁寿元年（八五一）開山とされる岩角寺の境内山腹にあり、露出する花崗岩の岩肌に仏像が線刻されている。全山の刻像は八〇八体と寺文書は伝えるが、現在二〇〇体近くが確認されている。三十三観音の刻像は、『石仏寄進施主覚帳』が、元禄二年（一六八九）二月に記されていることから、この頃とされる。本寺は、安達三十三観音の三十三番札所で打ち止めになっている。

岩角山は、全山花崗岩で形成されているが、わが国の花崗岩侵食景観を代表する特異な景勝として、県の名勝及び天然記念物に指定されている。

岩角寺の境内と案内図面

三十三観音の第一番　如意輪観音像

山中の巨石に彫られた観音像

66

天澤寺三十三観音

所在地　三春町字清水三六一（天澤寺）

天澤寺は、三春町中心部の県道三〇〇号（門沢三春線）の三春清水バス停から桜川を渡った丘の上にある。天澤寺は、嘉吉三年（一四四三）栄峰覚秀の開山で、現在の本堂は、文化十三年（一八一六）から六年をかけて造営されたもので、地方には珍しい豪壮華麗な禅宗様式である。天澤寺三十三観音の石像は、安寿と厨子王伝説にまつわる身代わり地蔵堂の右に三列に並んで座している。各々の観音像には札所の寺名と御詠歌が刻まれている。

天澤寺本堂の全景、左は地蔵堂

整然と並んで立つ三十三観音

地蔵堂脇に祀られる三十三観音と石像群

67

安養寺三十三観音

所在地　三春町斎藤字斎藤（安養寺）

安養寺三十三観音は「三春領百観音」の七十一番札所に記される。安養寺（安養院）は寛永二年（一六二五）、三春城下浄土宗紫雲寺の閑居寺として良編山及誉善竜師が創建し、余生を過ごしたといわれる。本尊は如意輪観音あわせて子安観音、三十三観音、三光地蔵尊を祀り、観音霊場として縁日には説法が行われ茶店が出るほどの眺わいであったという。近くには観音井戸・観音田・観音坂等の地名が見られる。安養寺は県道五四号（須賀川三春線）と五十七号（郡山大越線）が斎藤地内で交差するが、三春ダム方向へ約一五〇m進んだ道路右の二十段の石段を上った地点にあり、仏像群は寺院の南西脇に並んでいる。

安養寺全景

安養寺参道入口

本堂脇の石仏群

68

供養壇三十三観音

所在地　田村市船引町芦沢字松ヶ作地内（供養壇公園）

供養壇は、田村市の南西部、県道一一三号（常葉芦沢線）の「芦沢朴橋お人形様」の東中塚の北約一km、小高い丘（本郷舘跡）の上にある。天正年間（一五七三－九一）田村・伊達の戦いの際の犠牲者を埋葬した旧本郷（芦沢）舘の馬場跡を供養壇と呼び、桜樹を植えて公園とした。三十三観音は、文久元年（一八六一）に、大昌寺十五世磷峯師と不動院二十五世鏡田法師の発願により造置されたもので、御詠歌と寄進者名が刻まれている。

三十三観音を祀る供養壇の丘

丘上に散在する三十三観音

供養壇に並ぶ三十三観音

69

片曽根山三十三観音

所在地　田村市船引町船引字四城内前（片曽根山森林公園）

片曽根山（七一八・六m）は、田村市船引町の南方に聳える円形の山で、山頂は公園になっており登山道も整備されている。山頂へは、町内の国道二八八号（都路街道）沿、船引郵便局から南へ進み、福祉センター前を経由し約三・五kmの距離にある。三十三観音は、山頂近く、北西斜面に点在する花崗岩の表面に線刻されている。この三十三体の磨崖仏は、文政年間（一八一八ー一三〇）山麓に住む橋本辰治が病気平癒を願い、独力で三年の歳月をかけて彫像したという。後年、辰治は仏門に入り、天保元年（一八三〇）須賀川の十念寺で得度し「達善」と号した。

三十三観音を安置する片曽根山の山容（北面）

山中の三十三観音磨崖仏

山頂の三十三観音祭祀地

70

入水三十三観音

所在地　田村市滝根町菅谷字入水一一四（入水寺）

入水三十三観音は、県道三八一号（あぶくま洞都路線）の入水鐘入洞近く、萬歳山入水寺の右後方の山中に祀られている。三十三体の磨崖仏は傾斜のきつい山の斜面に散在する石灰岩の露頭に刻まれ、各々西国の札所と寺名・本尊名が付されている。これらの観音像群は、嘉永二年（一八四九）信州石工中山長五郎と地元石工鳴原鶴吉の浄刻による浮彫りで、寺の信徒が持ち帰った西国三十三札所の浄砂を埋めたと伝わる。この地は、田村市指定の史跡となっている。入水寺は、田村三十三観音の十五番札所であり、田村姓氏（司）三十三観音の三十一番札所、更に三春領百観音の四十番霊場となっている。

山中の三十三観音磨崖仏群

入水三十三観音参道入口の標柱

石灰岩に刻まれた如意輪観音（二臂像）

71

蛇骨地蔵三十三観音

所在地　郡山市日和田町字日和田地内（蛇骨地蔵堂）

蛇骨地蔵堂は、ＪＲ日和田駅の北一五〇ｍ、県道三五五号（須賀川二本松線・奥州街道）から西へ七十ｍの地点に建っている。以前は、東勝寺の祈願堂であったが、同寺は廃寺の上、明治九年（一八七六）に取り壊しとなり、地蔵堂のみ残された。三十三観音は、人身御供にされた三十三人の村娘を供養するために東勝寺の山を一周する形に造置されていたが、墓地の拡張のため、一ヶ所に集められた。現在は、地蔵堂の西側に一列に並んで祭祀されている。地蔵堂は、「あやめ姫」「佐世姫」の伝説を秘め、蛇骨を彫ったとされる地蔵尊を祀る。仏堂は、郡山市重要文化財に指定されている。

蛇骨地蔵堂の全景

地蔵堂の背後に安置された三十三観音

地蔵堂裏に祀られる三十三観音

72

山中本郷三十三観音

所在地　郡山市田村町山中字本郷一三五（田村神社）

山中本郷三十三観音は、国道四十九号山中バス停の西に鎮座する田村神社（明治の神仏分離で廃寺となった鎮守山泰平寺大元明王跡）の社地に祀られている。泰平寺大元明王の本堂は、そのまま現在の田村神社の本殿となっている。泰平寺は、田村大元師明王とも呼ばれ、坂上田村麻呂の伝承を伝えて崇敬されたが、元禄二年（一六八九）には、「おくのほそ道」行脚中の芭蕉と曽良も寄っている。三十三観音の仏像は、国道から本殿への急傾斜の石段を上る参道途中、左脇に建つ宝蔵庫を囲むように西側と南側に分かれて立っている。

田村神社（山上に鎮座）の参道と石碑群

宝蔵庫脇の三十三観音と石仏石塔

山腹に祀られる三十三観音

73

ザク磨崖三十三観音

所在地　郡山市田村町糠塚字下滝地内

ザク磨崖三十三観音は、国道四十九号線、二瀬中学校地点より松ヶ作集落を経由して北上すること約三・五kmでザク温泉手前の観音霊場入口に到達する。入口の路傍には「ザク磨崖三十三観音」の標柱や案内看板が立っている。山道を二〇〇mほど進むと北側の通称「権現山」の山頂近くに巨大な花崗岩塊が点在し、それらの表面に観音像が線刻されている。刻像の時期は、番外の守護神・不動明王の立像に「高遠石工伊藤文蔵・橋場小平太・安遠米吉、文化四年」とあるので文化年間（一八〇四－一八）の作とされている。この三十三観音霊地は、郡山市の史跡に指定されている。

巨岩の下の観音堂
（窟の中に観世音像を安置）

花崗岩に刻まれた磨崖仏

ザク磨崖三十三観音霊場入口に立つ案内標

74

大供磨崖三十三観音

所在地　郡山市田村町大供字坂ノ上地内

大供磨崖三十三観音は、国道四十九号沿、守山小学校（守山城趾）北側の市道を東進し、大供橋を渡って四〇〇mで本地集落となる。集落の先で上り坂にさしかかる地点から右（南）の細い道に入り一五〇m進むと黒石川に出会う。この河畔には、杉木立に囲まれて安山岩の巨壁があり、その表面に三十三体の磨崖仏が刻まれている。この観音像は、安永二～五年（一七七三－一七七六）悪疫の流行に苦しんだ村人が中心となって、死者の冥福と村民の安泰を祈願して造立したと伝わる。この地は、市指定の重要文化財となっている。

大供磨崖三十三観音の祭祀地

安山岩に刻まれた観音像

磨崖仏を安置する岩壁

75

阿ノ山三十三観音

所在地　郡山市中田町高倉字阿ノ山地内（薬師堂）

阿ノ山は、郡山市東部の、三春町に近い国見山（四七二m）西部の中田町高倉に位置し、鬼伝説の里として知られる。大滝根川と平行する県道五十四号（須賀川三春線）の阿ノ山橋を渡って東へ進むこと一・一㎞で阿ノ山の集落がある。集落の中ほどに地区内の散策案内「カタクリと鬼伝説の里あのやま」の掲示板が立ち、ここが薬師堂と三十三観音の参道入口となる。細い参道を三〇〇m上った中腹に薬師瑠璃光如来を本尊とする薬師堂があり、瑠璃姫と侍女の悲話が残されている。阿ノ山三十三観音は、薬師堂の境内に続く里山の東側斜面の広い範囲に祀られている。彫像は、天保三年（一八三二）頃とされる。

薬師堂と三十三観音を安置する山

山中に祀られる三十三観音石像

山中に置かれた石仏と石塔

76

葉山三十三観音

所在地（旧跡）郡山市大槻町字横山（大槻公園）

葉山三十三観音の磨崖仏は、主要地方道郡山湖南線の矢地内地内から市道三穂田熱海線で北へ約五〇〇ｍの葉山（三二五ｍ）山頂の大岩に刻像され、聖地として崇められてきた。しかし、明治十二年（一八七九）起工の安積疏水の建材としてこの大岩は切り崩され、悉く工事に用いられた。後年、不要とされ放置した石材の中に、刻像の一部を確認した地元民が自宅に保存し奉祀してきたものが数体確認されている。現在の葉山の地は、大槻公園や西部体育館・サッカー場等スポーツ公園に変貌し、山体にはトンネルが開けられ交通ルートとなっている。

葉山の麓の大槻公園

個人宅に祀られる三十三観音の一部、第五番の千手観音像

葉山の下を抜ける市道の大槻トンネル

77

阿弥陀堂三十三観音

所在地　郡山市湖南町中野字堰内地内(東光寺阿弥陀堂)

中野東光寺阿弥陀堂は、県道六号（郡山湖南線）で三森峠を下り猪苗代湖に向かう途中、中野地区の中心部で県道九号（猪苗代湖南線）と分岐するが、このT字路の東二〇〇mに位置している。阿弥陀堂三十三観音は、阿弥陀堂（大仏殿）内の、本尊・阿弥陀如来座像を挟んで左右に分かれて祀られている。全て木像で、金箔に覆われ光背を付している。阿弥陀堂の創立は、天喜元年（一〇五三）弥陀の座像を安置したことに始まるとされる。この阿弥陀如来座像は、木造で、総高三・三mあり東北地方最大で、「中地大仏」として崇敬されている。県重要文化財となっている。

阿弥陀堂と樹高 37m で県下第２位の大ケヤキ（左）

堂内の県重文　木造阿弥陀如来座像（中地大仏）

堂内に祀られる三十三観音

78

鉄砲場三十三観音

所在地　郡山市湖南町福良字東山地内

鶴ヶ舞鉄砲場《てっぱんば》は、長泉寺の元寺である峯仙山長照寺跡の南西、現在は植林された杉林の中に位置する。国道二九四号から県道二三四号（舟津福良線）を二〇〇m進んだ右奥に福良焼の窯跡が保存されている。鉄砲場三十三観音は、この前を通り、東の寺山の墓地の間を上った山上に、「七ツ塚」を守るように並んで立っている。七ツ塚は、古い時代のアイヌ首長の墓と伝えられている。

山上の平地に祀られる三十三観音

三十三観音を祀る鉄砲場の遠望

名器を数多く輩出した福良焼の焼窯発祥地の碑

79

日本一三十三観音

所在地　郡山市湖南町舟津字日本一四五一八（洞泉寺）

日本一観音堂は、舟津川の岸に沿う県道二三四号（舟津福良線）の舟津橋と舟津公園（鯔浜）の中間の山際に建っている。観音堂は、安永二年（一七七三）から三年をかけ、地元出身の山口宗友が故郷への報恩の念で建立した。お堂は、山口観音堂とも日本観音堂とも称され、広く信心されている。日本一三十三観音の石像群は、この観音堂の境内に一列に並び祀られている。

山中に建つ日本一観音堂

観音堂境内に祀られる三十三観音

静寂さの中に整然と並んだ三十三観音

80

愛宕山三十三観音

所在地　郡山市湖南町赤津字愛宕上（愛宕神社）

愛宕山は、赤津地区の中央を通る国道二九四号と平行した形で、西側には生活道路があり愛宕山の下を通っている。山際に鳥居が立ち、山頂の愛宕神社への参道となっている。愛宕神社の由緒や勧請は不詳である。三十三観音は、石塔に刻字され、札所の番毎に御詠歌と寺名が刻まれている。参道は、細い九十九折の急坂となって山頂の社殿まで続く。一番から二十五番までは、参道の途中に設置され、二十六番から三十三番までは社殿の周囲に配されている。

山頂に鎮座する愛宕神社と周囲の三十三観音

参道途中に祀られる三十三観音

山中の三十二番の観音石塔

81

湖西岸三十三観音

所在地　郡山市湖南町赤津字江合磯付近（金比羅宮）

湖西岸三十三観音は、湖南町秋山浜から赤崎までの猪苗代湖西岸の湖岸道路沿や象頭山岬・藤ヶ崎・鳥ヶ崎・赤崎等の岬・埼毎の湖面を眺める場所に祀られた。象頭山岬の金比羅大権現社参道口から、小浜・藤ヶ崎や小倉沢に至る湖岸に、浮き彫の石仏を見ることができる。しかし、湖面の低下や護岸工事、船運の衰退等により、大半の石仏は消失した。三十三観音の設置時期は、一部の石仏に「万延元申年四月吉日」の刻字が見られることから、万延元年（一八六〇）頃と推察される。これらの観音は、湖上運送に携わる船舶や舟人たちから航行の無事を祈願する霊所として信仰を集めていた。

湖上に立つ金毘羅大権現社の鳥居と象頭山岬

湖岸道路に安置される三十三観音

湖岸の路房に置かれた三十三観音石像

82

長禄寺三十三観音

所在地　須賀川市北町三（長禄寺）

長禄寺は、須賀川駅の南〇・七㎞、須賀川橋の架る釈迦堂川の右岸にあり、須賀川郵便局や須賀川市武道館の北に隣接している。寺は、広福山菩提樹林長禄寺といい、長禄元年（一四五七）須賀川城主二階堂為氏開基、月窓明潭師開山とされる。寺格の高い寺である。長禄寺三十三観音は、石崎多三郎による彫像で、昭和八年（一九三三）に起工し、昭和十年（一九三五）十月に開眼供養をした。山門までの参道左側の植え込みの中に祀られている。

長禄寺の本堂と鐘楼

参道の左側に安置された三十三観音像

植え込みの中に祀られている三十三観音

83

妙見山三十三観音

所在地　須賀川市妙見・暮谷沢

妙見山三十三観音は、妙見山山頂の両部信仰の社寺「妙見さま」の境内に祀られていた。妙見山は、須賀川市内の国道一一八号（石川街道）と県道一三八号（母畑須賀川線）の合流点の北二〇〇m、火祭りで知られる五老山の南に接している。妙見山と五老山に挟まれた谷が暮谷沢（栗谷沢）である。明治の神仏分離により、仏像は破壊され暮谷沢に投棄された。後になって信者が仏像を収拾し、岩間不動尊・文殊菩薩・三宝大荒神の祀られる崖下の一角に祭祀した。現在は、雨屋の下に一部欠損の仏像を含め、二十二体の石仏が祀られている。

一ヶ所に集約された妙見山三十三観音

移設された肉彫の観音石像

岩間不動尊（右）と並んで祀られる三十三観音雨屋（左奥）

84

古寺山三十三観音

所在地　須賀川市上小山田字古寺五八（白山寺）

古寺山は須賀川市の東部にあり、玉川村境近くに位置する。福島空港東の県道六十三号（古殿須賀川線）から、虹の台への市道へ進み、上小山田・大仏地内の陸橋古寺橋が入口となる。古寺橋を渡った左側一〇〇m奥に駐車場があり、古寺山白山寺への参道が続く。参道には、天然記念物指定の松並木が残り、頂上近くには白山神社が鎮座している。鳥居の地点に、一番札所の観音像が置かれ、この地点から古寺山三十三観音は、山頂の観音堂まで並び立っている。白山寺は、仙道三十三観音の十二番札所でもある。

山上の白山寺と鐘楼

参道脇に立つ観音像

一番の観音石像と本堂まで続く参道

85

狸森新田三十三観音

所在地　須賀川市狸森字新田地内

狸森新田三十三観音は、福島空港東の県道一三八号（母畑須賀川線）の新田バス停が参道の入口になる。新田集落の先までは、車一台がやっと通る曲折のある狭い道で、途中からは徒歩で山中を進むことになる。小さな谷川に沿って上ると、やがて行き止まりとなり、不動堂が建っている。御堂の周囲の山は、急傾斜の杉林になっており、その林中に巨大な花崗岩が点在する。三十三観音像は、それらの表面に数体ずつ線刻になっている。

この場所は、永保三年（一〇八三）了長開祖の修験道場があったとされ、観音像は、元禄年間（一六八八－一七〇四）に刻彫されたと伝わる。

山中奥に建つ不動堂

参道沿に祀られる石仏

山中の花崗岩に刻まれた仏像

86

滝八幡磨崖三十三観音

所在地　矢吹町滝八幡一一二一一（三十三観音史跡公園）

滝八幡磨崖三十三観音は、矢吹町の北西部で鏡石町に近く、東北自動車道と国道四号に挟まれた隅戸川の川岸に位置する。県立矢吹病院から一五〇m西の河畔一帯は「三十三観音史跡公園」になっており、磨崖仏は、高さ十mの岩壁に半肉彫で光背を持つ姿で並んでいる。この磨崖仏の刻像時期は、作風や像容から十八世紀後半とされるが、石質に恵まれ石像の損傷は少ない。近くの崖上に、八幡太郎義家が造営したと伝わる滝八幡神社が鎮座する。社殿造営の際、弓矢の矢柄で屋根を葺いたことが「矢吹」の地名の起源とされる。

隅戸川沿に続く石像の彫られた石壁

崖面に刻まれた磨崖仏

均一に彫られて祀られる三十三観音磨崖仏

87

潜石三十三観音

所在地　須賀川市江花字潜石地内

潜石三十三観音は、須賀川市の西部で天栄村との境界に近く、北の江花川と南の釈迦堂川に挟まれた山地の裾に位置する。市境の国道二九四号（白河街道）の路傍に「潜石磨崖仏」の案内標識が立っている。山の斜面に安山岩の15×10mの大きな岩塊や様々な露頭が見られる。大きな岩塊の下方には胎内潜りがあり、岩の三面には半肉彫の仏像が刻まれている。彫像は、江戸時代とされるが年代は不明。胎内潜りは、仏の胎内をくぐることを意味し、身体健固や来世の極楽浄土が約束されるといわれる。

岩塊が展開する三十三観音祭場

上下に通じる胎内潜り石

岩塊表面の仏像と潜り石

88

折口三十三観音

所在地　西郷村真船字観音山地内（火伏観音堂）

折口三十三観音は、国道二八九号の折口バス停から西へ四〇〇m程進んだ北側の山裾に鎮座する火伏観音堂の周囲に祀られている。三十三観音は、大正期初めに勧請され、石像の造刻と共に霊場整備や観音堂修復が進められ、大正六年（一九一七）九月開眼供養が行われた。境内の「伝え石」磨崖碑伝によると、火伏観音堂（ツブ観音）は、延宝年間（一六七三－八一）折口新田村を開いた榊原武助の妻が、新村鎮護を願って勧請したと伝わる。

杉木立の中の参道と観音堂

山中に点在する三十三観音像

薬師堂（中央）と八番観音（右）

89

小峰寺三十三観音

所在地　白河市字道場町四〇（小峰寺）

小峰寺は、白河市街地の中央西寄り、ＪＲ白河駅の五〇〇m南西の中央公民館の北隣に位置する。弘安三年（一二八〇）一遍上人の開基とされ、白河山珠桜院小峰寺と称して藤沢の地に建立され、白河結城氏の菩提寺であった。三十三観音は、小峰寺が寛永年間（一六二四－四四）道場町に移転した際は、延宝年間（一六七三－八一）造立の観音堂に安置されていた。再移転した現在地では、篤志家の手になる「保子堂」に祭祀されている。本尊の千手観音は、恵心の作で悪七兵衛景清の守り本尊とされるが、本堂内に安置されている。

小峰寺の本堂（左側面）と六地蔵

祭壇に安置される三十三観音（右側）

本堂に祀られる本尊の千手観音

90

硯石三十三観音

所在地　白河市表郷番沢字硯石地内

硯石三十三観音の磨崖仏は、国道二八九号（棚倉街道）の上ノ代地内から県道三八八号（白坂関辺線）を南下し、社川に架る硯石橋手前で西へ折れる地点の山裾に祀られている。ここの山麓は、名刹関山満願寺への参拝登山口になっており、杉木立の巨木に覆われる。杉木立の南斜面の五十ｍにわたって安山岩の巨岩が露出しており、表面に半肉彫りの磨崖仏群が刻まれている。刻像は、江戸時代初期とされている。

林中に佇む磨崖仏

安山岩に刻まれた観音像

三十三観音が祀られている杉山

91

石崎磨崖三十三観音

所在地　白河市表郷梁森字石崎（都々古和気神社脇）

石崎は、国道二八九号と並んで走るＪＲ高速バス路線の梁森バス停から南西に四〇〇ｍ行くと石崎集落がある。集落の西方に都々古和気神社の鎮守の森があり、鳥居の西隣に続く杉木立の中に、点々と安山岩（白河石）の露頭が見られる。石崎磨崖三十三観音は、これらの岩石の表面に、半肉彫で刻まれ安置されている。刻像は、「三十三所観音刻像記年銘」によると、宝永四年（一七〇七）四月と記されている。

杉木立ちの中の磨崖仏群

安山岩の大石に刻まれた三十三観音像

都々古和気神社（右）と三十三観音祭場入口（左）

92

蓮家寺三十三観音

所在地　棚倉町棚倉字新町一二九（蓮家寺）

蓮家寺は、ＪＲ棚倉駅の南、亀ヶ城公園（棚倉城趾）のお堀端の北一五〇ｍの町裏に、慶長八年（一六〇三）に建立された。蓮家寺三十三観音は、元禄十五年（一七〇二）内藤家第三代藩主式信《かずのぶ》が、娘の病気平癒を祈願して、西国三十三所観音霊所の砂を採取して境内に敷き、観音堂を建立して供養したとされるものである。三十三観音の開眼法要は、祐夫上人により行われたという。

堂内の三十三観音（中央部）

堂内の三十三観音（左側）

蓮家寺境内に建つ観音堂

93

白山権現三十三観音

所在地　中島村松崎字堂ノ入地内（白山吡咩神社）

白山権現三十三観音は、泉川と阿武隈川に挟まれた合流地近く、県道一三九号（母畑白河線）と県道一三七号（泉崎石川線）が分岐する地区に立つ代畑地蔵堂（汗かき地蔵）境内に祀られている。この三十三観音は、もともと旧白山大権現社の境内に安置されていたが、明治の神仏分離令により棄却され、後年集められたものである。一部（六体）は、白山吡咩神社下の磨崖仏と祀られている。地蔵堂前の三十三観音像は、多くの板碑や石塔・石仏、御城十三仏等に囲まれて息づいている。

地蔵堂境内の三十三観音像

白山吡咩神社下の磨崖仏群と三十三観音像

汗かき地蔵堂（右）と境内・参道

94

八龍三十三観音

所在地　南相馬市鹿島区小島田字仲屋舗（八龍神社）

八龍三十三観音は、県道二六五号（鳥崎江垂線）の旧真野小学校バス停から北へ六〇〇m行った真野川堤防近くの八龍神社の境内に祀られている。三十三観音は、東立谷の旧如来山放光院蓮花寺境内に、八龍神社と共に祀られていたが、明治時代にいたり、真野川近くの現在地、北田地内に移された。蓮花寺は、文政九年（一八二六）大内の滝沢寺（旧号長寿寺）に合寺し、その後北海老の平出山宝蔵寺に合寺となった。

津波で被災後、再建された八龍神社

雨屋に守られる観音像

神社西脇に祭祀される三十三観音

95

岩井戸三十三観音

所在地　富岡町上郡山字岩井戸三二八（保応寺）

岩井戸三十三観音は、国道六号と県道二四三号（小浜上郡山線）が交差する上郡山地点から西へ約二㎞進んだ岩井戸の保応寺に祀られている。本堂西側の一四五段の石段を上りつめた山上に、北作観音堂や舞台造りの籠もり堂、文殊堂が建っている。三十三観音は、北作観音堂に奉像されていたが、昭和四十八年（一九七三）保応寺本堂へ移り厨子に納められている。保応寺は、康和三年（一一〇一）空範の開山、福寿山岩松院保応寺といい、永正十五年（一五一八）以後、磐城三十三観音巡りの結願寺として知られている。

保応寺の本堂に祀られる三十三観音仏

三十三観音を安置する保応寺本堂

これまで三十三観音を安置してきた山頂の岩屋堂（観音堂）

96

徳林寺三十三観音

所在地　楢葉町前原字寺後二七（徳林寺）

徳林寺は、文禄三年（一五九四）二月の開山で、ＪＲ木戸駅の北三〇〇ｍ、県道二四四号（小塙上郡山線・陸前浜街道）の東五十ｍの所にある。徳林寺三十三観音は、安永六年（一七七七）、地元民総意のもと制作され、観音堂と共に岡崎の城善寺に奉納された（『三十三観音由来記』）。しかし城善寺が明治初期に焼失し、観音像は御堂と共々徳林寺に移され、現在に至っている。一二年前の東日本大震災の影響をうけ、本堂に移し祀られている。

三十三観音を祀る観音堂
（城善寺より移設と伝わる）

徳林寺の本堂に安置する三十三観音

徳林寺の本堂と観音堂（左）

97

大楽院三十三観音

所在地　楢葉町井出字谷地六五（大楽院）

真言宗豊山派の大楽院は、医王山興福寺と称しＪＲ常磐線竜田駅の東約六〇〇ｍにあり旧陸前浜街道近くに位置する。大楽院は、文治五年（一一八九）に鏡宗の開山とされる。山門から本堂までの長い参道の両側には、四国八十八ヶ所霊場の各本尊石像が祀られている。これは現住職四十三世秀寛師の普山記念と原発事故で全町避難となった町民が帰町した際の心の拠り所コミュニティーの場所となることを祈願し、平成二十八年（二〇一六）十月開眼したものである。大楽院から北へ三〇〇ｍ行くと県緑の文化財高橋のヤブツバキの巨木の姿があり、更に北上し井出川橋を渡った先には慶長九年（一六〇四）相馬藩が街道に構築した出口の一里塚が対で遺存している。

大楽院の本堂（中央は握手大師像）

参道に並ぶ石仏像群（左は護摩堂）

護摩堂脇の石仏群

98

柴原三十三観音

所在地　いわき市小川町柴原字宮ノ脇三六（遍照寺）

柴原三十三観音は、建暦元年（一二一一）善龍師開山創建の岩照山得生院遍照寺境内の観音堂に祀られている。遍照寺は、いわき市の中北部にあり、国道三九九号から北へ七〇〇m、小川小学校東の高台に建っている。三十三観音を奉安する柴原観音堂は、宝永三年（一七〇六）十一月、十六世恵天師の創立と伝わる。現在も信奉者が多く、四月の観世音菩薩大祭は大いに賑わう。

遍照寺境内に建つ観音堂

堂内に祭祀される三十三観音木像

遍照寺の本堂（左端の赤瓦屋根は観音堂）

99

差塩三十三観音

所在地　いわき市三和町差塩字館下地内（良々堂山）

差塩三十三観音を祀る良々堂山（六一八・六m）は、いわき市の西北部、国道四九号から県道一三五号（三株下市萱小川線）を進むこと約四・五km、路傍に「差塩良々堂三十三観音参道案内」の石碑が入口に立っている。山中には、地蔵堂や三十三観音像、十六羅漢像等多数の石像や独国禅師像などが安置されている。地蔵堂は、往古、丹心師の開基で寛政年間（一七八九－一八〇一）になり、宮城の独国禅師の中興開山と伝わる。三十三観音は、独国禅師が西国霊場を巡礼した際、各霊場の砂を採取し、良々堂山中の大石の下に埋め、安政四年（一八五七）に山を一周する構成で観音像を設置したとされる。

差塩三十三観音の参道入口に立つ案内板

山中に座す観音像

巨石の上の石造十六羅漢塔群

100

笛ヶ森三十三観音

所在地　いわき市常磐下船尾町字作一〇〇（梵音寺）

笛ヶ森観音堂は、下船尾地内に連なる低山の南端、国道六号や藤原川を見下ろす約一五〇ｍの山頂、岩崎氏の笛ヶ森舘跡に建っている。磐城三十三観音十四番札所でもある笛ヶ森観音堂へは、旧六号国道沿の下船尾郵便局の裏に参道入口と刻んだ大きな石柱があり分りやすい。山中の要所にも案内石柱が立ち、迷わず二十分弱で山頂の観音堂へ到着する。三十三体の観音像の年代・作者は不詳であるが、奉祀されたのは、享保十一年（一七二六）四月、当時の別当海福山慈眼寺の勝山上人の時と伝わる。

現在、三十三体の観音像は、堂の東麓にある曹洞宗梵音寺の本堂に安置されている。

梵音寺の本堂全景
（左山頂に観音堂がある）

本堂内に安置される三十三観音像（右側）

山頂に建つ笛ヶ森観音堂

お世話になった方々（順不同・敬称略・含物故者）

会津坂下町　古川利意　竹内是俊　藤田真弘
会津美里町　大沢一元
会津若松市　佐藤一男　滝沢洋之　寿上祐光　道学俊宏　菅野義則　内山大介
猪苗代町　鈴木勘左衛門　楠　孝順　黒田孝雄　小椋正久
いわき市　小野一雄　小野佳秀　石井弘昭　鹿田興則　小泉瑛大
大玉村　五十嵐昌司
金山町　長谷川浩一
川俣町　高橋圭次　野田昭信　佐藤律夫　佐藤芳立　西坂寂秀
喜多方市　田代数雄　佐原義春　斎藤智兼　川口芳昭　津田俊良　大沢君一　加藤安幸　宮沢弘
国見町　中村洋平　鈴木周一　井沼千秋　笠松金次　阿部有恒
桑折町　津守洋海　吉田良典　綱代智明
郡山市　橋本勝雄　大森仙之介　柳田春子　保森覚道　渡辺信義
白河市　高久真隆　小野英二　寺島道雄
昭和村　菅原長平
須賀川市　須田秀幸　大槻盛雄　熊谷保幸　秋　信海

相馬市　岩崎真幸　羽根田芳彦　天野淳乗　氏家義興　加藤潤一
棚倉町　坂田良哉
伊達市　伊藤寂光　大室俊篤　佐藤正彦　辻　泰典　今野智章　佐藤宥源　伊東　夘
　　　　曳地一雄　佐藤義雄
田村市　大山茂男　三浦公喜　渡辺将司　安倍量基　三坂真琴　武田義夫　渡辺宗貫
富岡町　山田秀臣
中島村　鈴木　覚
楢葉町　酒主秀寛　松本正弘
西会津町　三留善明
二本松市　辻　泰典　中村孝純　和田隆道
磐梯町　古川重幸
福島市　横山俊郎　本間大元　拾井一豊　横山俊邦　玉木芳宗　谷口泰明　筧　寿海
三島町　遠藤弘佳　目黒俊正　川井正裕
南会津町　神田良紘　河原田宗興　湯田義三　芳賀　勉　芳賀昭典　大滝春一
三春町　橋本宗久　田村顕秀　藤井典子
本宮市　戒　琢良
柳津町　井関光義　佐藤正人

この他、各地の図書館・資料館・市町村役場・教育委員会・公民館等、多くの地域の方々にご協力をいただきました。

心より感謝申し上げます。

主な参考文献

福島県の地名「郷土歴史大事典」　平凡社　一九九三

福島県史7（金石編）　福島県　福島県　一九六六

福島県史21（宗教編）　福島県　福島県　一九六六

福島史料集成Ⅰ～Ⅴ　全上編纂委員会　全上刊行会　一九五二～

全国霊場大事典　全国霊場編纂室編　六月書房　二〇〇〇

日本の神仏霊場　杉本　惇　新人物往来社　二〇〇九

全国霊場観音めぐり　大高利夫　日外アソシエーツ　二〇一七

全国霊場参拝事典　大法輪閣編集部　大法輪閣　二〇〇五

観音札所巡りのすべて　平幡良雄　広済堂出版　一九八一

図説仏像巡礼事典　日本石仏協会　図書刊行会　一九八六

古寺巡礼辞典　中尾　堯　東京堂出版　一九九九

全国三十三所巡礼総覧　北川宗忠　一九九五

日本石仏事典　庚申懇話会　雄山閣　一九七五

日本石仏図典　日本石仏協会　図書刊行会　一九八六

日本の石仏9東北編　板橋英三　図書刊行会　一九八四

石仏入門　日下部朝一郎　鹿島出版　一九六七

石仏入門　武田久吉　第一法規　一九七一

石仏調査ハンドブック　庚申懇話会　雄山閣　一九七五

路傍の石仏　大護八郎　真珠書房　一九六六

石仏巡礼　若杉　慧　社会思想研究会出版部　一九六〇

ふくしまの野仏　田中正能　福島中央テレビ　一九七五

福島県寺院名鑑　仏教文化振興会　仏教文化振興会　一九八三

福島市寺院名鑑　福島市仏教会　一九八四

会津の寺　会津若松・北会津の寺々　笹川壽夫・間島　勲・滝沢洋之・野口信一　歴史春秋社　一九八六

会津の寺　耶麻・河沼・大沼・南会津の寺々　笹川壽夫　歴史春秋社　一九九八－二〇一二

会北史談38～53　佐原義春　会北史談会　一九九六

新編会津風土記　丸井佳寿子監修　歴史春秋社　一九九九

信達二郡村誌　中川英右　一八七九

伊達郡村誌一～四　中川英右　一九八〇

宇多郡村誌一～一九（県史料集成）　川瀬教文　福島県　一八八三－八四

奥相志（相馬市史4）	相馬市	相馬市	一九六九
東北における三十三観音信仰と霊場	藤田定興	福島県歴史資料館	一九九七
図説日本の仏様	速水　侑	青春出版社	二〇〇六
徳一と慧日寺	高橋富雄	福島中央テレビ	一九七五
中国僧青巌と高寺伝承	萩生田和郎	会津日報	二〇〇二
福島県の磨崖仏	佐藤俊一	蒼海社	一九九〇
ふくしまの磨崖仏	小林源重	歴史春秋社	一九九七
福島県の磨崖仏鎮魂の旅へ	青木　淳	淡交社	二〇一七
西国三十三所観音巡礼	西国札所会	朱鷺書房	一九八七
ガイドブック仙道三十三観音札所	山椒の会	筑波書林	一九九四
奥州三十三観音の旅	河北新報社	全上出版センター	二〇一七
徳一とその周辺	生江芳徳		二〇〇七
神仏分離	圭室文雄	教育社	一九七七
奥州観音巡礼	平幡良雄	満願寺教化部	
観世音声を限りに	遠藤太禅		一九七八
会津の観音巡礼	宮崎十三八	恒文社	一九九六
会津三十三観音御詠歌	小島一男	歴史春秋社	一九七八

奥会津三十三所観音紀行	舟木正義	歴史春秋社	一九九五
町廻り三十三観音札所	婦人郷土研究会		
会津古事散歩	小島一男	歴史春秋社	二〇〇二
奥相三十三所観音	鹿島町文化財愛好会		一九八〇
ぶらり三十三所観音めぐり	植田辰年	植田辰年	一九九七
信達三十三観音膝栗毛	ややまひろし	福島民報社	二〇〇五
奥相三十三所観音霊場記	浪江町郷土史研究会		一九八二
信夫の里札所めぐり	梅宮茂	信楽社	一九八五
信達三十三観音札所「かんのんさま」	梅宮茂		一九八五
磐城三十三所観音霊場	草野日出雄	はましん	一九八七
岩角山	岩角山観光協会	グラフ東北	一九八六
片曽根山三十三観音の由来	吉田朝太郎		一九九二
会津寺院風土記	越智一男	会津寺院調査委員会	一九九一
田村市の寺社仏閣（寺院仏堂編）	田村市教育委員会		二〇一三

おわりに

福島県内で確認できた百ヶ所の三十三観音霊場を訪ねて参拝し写真に収めてきました。県内で最初に開創された観音霊場の場所や年代は記録がないため、定かではありません。堂内に残された巡礼の結願納札や仏像の背に刻まれた文字から判断され、年代が古いとされるのは、明応七年（一四九八）以前に開設されたとする「仙道三十三観音霊場」であり、最も新しいものとしては、昭和五十二年（一九七七）秋彼岸に開眼した白河市在住の石工姉妹の手になる「西隆寺乙女三十三観音」があります。これらの観音霊場の取材には足かけ六年を要しました。集中して取材に取り組んだ平成三十年（二〇一八）には年間一五七日を要して六三、〇〇〇㎞の走行距離を記録しました。この期間に訪問した多くの寺院の住職や檀家の方々、近隣の方々には突然の訪問にも拘らず快くご教示下さいましたことに心より感謝と御礼を申し上げます。現在私たちが霊場の堂宇を訪ね仏像に参拝できるのも、地元におられて何世代にもわたり、先人の神仏への想いや祈りを受け継いで守っておいでの多くの人々の尽力の賜物と感謝する次第です。

各々の霊場は開創から現在に至るまでの長い年月の間には、地震や風水害等の自然災害や災難が記録されています。更には、時代の政策に左右された人災とも評される災難も経験しています。第一の災難は、明治政府による敬神廃仏・神仏分離の政策であるといえます。これにより合院や廃寺等統廃合の大きなうねりが仏教界を襲いました。第二の災難には、廃仏思想を先取りした廃仏毀釈の一連の動きがあげられます。この騒動は、寺院や墓地を破壊したり、仏像仏具の破棄や文化財・寺有文書の焼却等へ展開し、取り返しのきかない結果を現在に残しています。又、霊場の石仏についても生々しい傷跡を残しており、首のもげた仏像や腕や足の損壊・胴体のひび割れや倒置等多くの痕跡を目にしてきました。その都度非礼を詫び、合掌してきました。第三の災難には先の大戦時に見られます。金属類の供出・協力という名目のもとに金仏や仏具・梵鐘が搬出され、現在も姿を消したままなのです。その結果、梵鐘のない楼閣だけを残した寺院が各地に見られます。

ここ数年来、新型コロナの感染が全世界に拡散し、福島県内の感染者数は十二月現在三十万人を数え、死者も三百人を越えてしまいました。拡大防止の上から市町村域をまたぐ移動は制限されてきました。夏を迎えた頃から、外国からの観光客の制約もゆるみ、国内の移動も可能となりました。そんな中、自宅に籠り観音霊場の整理を続けていた令和四年の二月九日、突然脳梗塞を発症して緊急入院となりカテーテルによるステント留置の手術を受けました。四月に退院し、自宅へ。しかし、以前の体調とは雲泥の差があり日常生活もままならぬことが多くなり集中力の低下と自覚しました。断腸の思いで半世紀の間お世話になった運転免許証も返納し、愛車も手放す結果となりました。未調査の霊場が若干残りましたが、これらは長男・孫の運転する車に同乗し、取材と写真撮影を終えることができました。

これまでの取材で得た情報をまとめて出版することにはいささか迷いがありました。私自身十数年来、地元の飯野八幡宮の総代と責任役員を務め、菩提寺蘭秀寺護寺会の役員の任にあったとはいえ、神道や仏教、信仰について浅学非才であり、適切な文章表現を用いての出版の是否について悩みました。背中を押されたのは、県内各地の霊場で、代々先人から引き継いで活躍しておいでの方の姿を多くの皆さんにお知らせして是非堂宇や霊場に足を運んでいただき、現在の様子に共感を得たいと考えた故でありました。それぞれの地域が人口減少と高齢化、少子化と後継者不足、堂宇の管理補修と行政の援助等いろいろな課題を抱えながら活動されておいでの方々に敬意と心からの声援を送り続けたいと考えます。

最後に出版の機会を与えてくださった歴史春秋社の阿部隆一社長、植村圭子出版部長、細部にまで編纂の労をとってくださった村岡あすかさんに心より感謝を申し上げます。

著者略歴

小泉 明正　こいずみ　あきまさ

昭和14年(1939)いわき市平生まれ

福島県内、葛尾小・久之浜二小・平六小・小玉小・平三小・大久田小・小名浜二小・小白井小・鹿島小・好間一小の10校に教諭・教頭・校長として勤務

著　書　『浜通りの熊野神社めぐり』2011年　歴史春秋社
　　　　いわき民報社 平成24年度ふるさと出版文化賞・優秀賞
　　　　『福島県の道路元標』2015年　歴史春秋社
　　　　福島民報社 第39回出版文化賞・正賞
　　　　いわき民報社 平成27年度ふるさと出版文化賞・優秀賞

現住所　いわき市平中塩字一町田27
電　話　0246-23-1706

福島県の三十三観音

令和5年(2023) 6月30日発行

著　者　小泉　明正
発行者　阿部　隆一
発　行　歴史春秋出版株式会社
　　　　〒965-0842　福島県会津若松市門田町大道東8-1
　　　　TEL.0242-26-6567
印　刷　北日本印刷株式会社